班級：＿年＿班　座號：＿＿

作者：游乾桂

總分 A++

# 別讓分數綁架你的孩子

心理教育家寫給父母

關於教養的33張處方箋

# 目錄



Part 1

## 14堂不簡單的教育課

Part 2

# 11個值得反思的教育案例

3
Part

# 8堂父母該教的人品課

# 序／放手，放下，放心

為了寫作這本意義深遠的書，很長一段日子裡，我都是天光未亮起身，沏上一壺清香的包種茶，在熱氣蒸騰時，坐定我的大書桌，點亮桌上的帝凡尼玻璃彩燈，在暗黑中柔美的燈光下，思考臨床二十多年來的「前世今生」。

前半段我是「解謎者」，看著一個個身心受困者用「情緒」困住自己、折磨別人，彼此兩害的陷在「情緒勒索」的蜘蛛網中；下半段我是「破解者」，想從中找出處方。

我在精神科扮演替人解憂的心理醫療者，眼前的病人讓我明白壓力的來源之一，便是「分數成績」，還有以父母為主的「不切實際期望」。

孩子的人生最終還是得由自己彩繪，好之與樂之才是最大元素，試想喜歡藝文的人被逼著去學機械，無疑羊入虎口，能逃生的機率通常不高。

於是，我因而遇上了許多台、清、交的理工生，因為志趣不合而逃進這座杜鵑窩中，成了我筆下的角色，彷彿以身示法的菩薩，用親身經驗教我們不要再犯。

醍醐灌頂的故事，成了我文以載道的書寫與演說的題材，我由心理工作者，變成教育工作者，而今更像禪師，用不同形式講述我的教育哲思。

我偷偷去了一趟陶淵明的《桃花源》借光：

「…忽逢桃花林，夾岸數百步，中無雜樹，芳草鮮美，落英繽紛，漁人甚異之；復前行，欲窮其林。林盡水源，便得一山。山有小口，彷彿若有光…」

我要替家長們找著山有小口的那一束教育的光，因為我不是張三豐，沒有煉丹房，手中亦無一帖見效的丹藥，有些難題只有我一個人還是無能為力，頂多行血止瘀，無法一本萬利的替人治本。

教育並非「一個人的武林」，還要有家長們參與，否則我的處方也是無濟於事，我需要把那束

光變成一種佛光普照的光芒，映射出教育的清楚方向。

成績分數一直像一具「照明器」，以為有了它就會有了全世界，父母因而成了阿拉伯數字的上癮者，用分數論英雄，但給孩子附贈壓力。

成績過於簡單迷人，一百分比九十五分多五分，易懂，我們因而忘了它們只是「偽鑽」，不是用本事刻成的閃閃發亮的真鑽石。

從生員、秀才、舉人、進士，以及一路過關斬將進到皇城的殿試狀元可以證明這一切。以下這些人你先想想，能識得幾位？

- 裴休、鄭益、王源中
- 蘇德祥、胡旦、江伯虎、賈安宅
- 朵列圖、泰不華、阿察赤
- 毛澄、茅瓚、馬愉
- 潘世恩、彭啟豐、鈕福保

應該一個也不認識吧？別氣餒，我也與你一樣，但這些人確實都是如假包換的狀元，分別在唐、宋、元、明、清科舉中得了狀元榜，但沒有多少人在青史留過名。

全世界公認最偉大的地理學家徐霞客，《本草綱目》的作者李時珍，《紅樓夢》的作者曹雪芹，《西遊記》的吳承恩等等知名人士，反而都是落第書生。

狀元與落第書生的巨大反差，成了有意思的「人生對照組」！

人生本來就沒有「公平」兩字，它是「相對論」，沒有人全都會，有人會的就有人不會，教育是要教孩子善用他會的，不是介意有多少不會。

「失之東隅，收之桑榆」，這是現實情況；李國修老師在聯考失利，但從表演站上舞台；李安的成績黑壓壓，但卻是國際大導演；吳寶春讀書不資優，但麵包得到冠軍……你一定不可能聽說李安跳芭蕾舞，因為專家是專精於一的人。什麼都會呢？肯定專門騙人家。

一輩子不長，想要完整弄懂一門功夫就已有難度，做得到的便功德圓滿了，不是嗎？

每一個人腦袋裡的知識容量確實很有限，不可能上知天文下知地理，知識貴在「用」，不在多，懂得如何使用的人才算「有智慧」。

教育不該只培養讀書人，而是尋找各行各業的智者吧。

人生最該懂的是：什麼都得「等」，因為不是人人可以是七步成詩的曹植！

一步登天本來就是謊言，少年英雄不過是自欺欺人的話術。大隻雞保證慢啼，好吃的醬油要一年以上的工序，肖楠、酸枝、花梨、雞翅、檜木等等價高的硬木，百年只能長成一寸，這就是告訴我們學習沒有捷徑，一分耕耘就是一分收穫，不要急！

盧梭在《愛彌兒》一書中寫道：「教育無它，唯愛與榜樣而已」，這是真理，你如何看待孩子，決定了他的自信與自卑。寬恕與原諒夾帶的愛，是孩子成長中磨擦了傷痕後，最好的修護劑。

游乾桂　寫於〈讀書堂〉之無塵軒

# Part 1

# 14 堂不簡單的教育課

# 前言

開卷之前，請先闔眼五秒，我們一起思考！

白紙黑字的課文之中哪有新觀念？書的內文本身頂多是「舊貨市場」，有一百年前、五百年前，甚至二千年前的知識！

學校還會按月舉辦一次「舊物識貨能力比賽」，評比分數，頒授獎狀……但如是授業，教育會不會太廉價了？因而有些人主張「教育無用論」，事實上也未必，我想點出的並非「無用」，而是一如莊子的「無用之用」。知識不是無用，而是要如何讓孩子懂得「借用」，利用創新把它打磨成閃閃發亮的鑽石。

小時候我喜歡在昏黃的燭光下偷偷閱讀武俠小説，想像自己是俠，因而對「少林寺」情有獨鍾；因為練功如教育，要想擁有一身武藝，通過十八銅人陣，就必須從挑水、扎馬步當起首式，一年半載之後方可習武，至於金鐘罩鐵布衫與少林易筋經，則需要資質了。閱讀是教育的基本功，欠缺這個修行，教育就會落入「公說公有理，婆說婆有理」，淪為瞎猜的弔詭之中，無法如同托爾斯泰所言：「理想的書籍是智慧的鑰匙。」

沒有這把鑰匙，是打不開那一扇門的。

雨果說：「書是點燃引擎的火炬，每個詞的每個音節都可以發射到火星。」每一次演講過後很多人提問，最像大哉問，有些無厘頭的父母，我探問之下幾乎全數沒有閱讀習慣，這也正是我每一年都會利用年節舉辦「紅包書」的來由，請他們為自己也為孩子各挑一本書，為智慧上上油，一起獲致富蘭克林的格言：「把知識放進了腦袋誰也取不走了，那是一輩子最好的投資。」

教育的確是一座「火焰山」、「盤絲洞」，什麼都沒做的，真的過不了關，這就是哲學。

從下一頁開始：我們要慢慢汲取教育這口活泉了。

課堂
01

# 沒有資優兒

「資優兒」！

多迷人的三個字，「我兒女考上資優班！」聽那口氣就是一件很光榮的事，彷彿人生只要幾個阿拉伯數字就可以決定了，忘了它的確是如假包換的假議題，若是有資優也是天生，教不出來的。

一九七八年，美國的《資優與特殊才能兒童教育法案》羅列六項資優及特殊才能的定義：

1. **智力的資優：**經過標準化測驗鑑定智商高、學習能力強，並且富於領悟力及觀察力。
2. **特殊學科性向的資優：**在某些特定的學科，如數學、語文、科學……等，有持續優異的成績。

3. **創造力的資優：**具有獨特、創新、富想像力、好奇心，及具流暢性意念和表現。

4. **視覺或表演藝術的資優：**在音樂、戲劇、美勞……等藝術方面能表現卓越的人。

5. **領導能力的資優：**在小組及團體中受到多數人愛戴，能建立良好社交關係，擅於激勵及推動多數人成功地完成某項工作任務。

6. **心理肌動能力的資優：**對於需要協調心理動作的表現傑出，例如技能競賽優勝者、體育家、舞蹈家，精於雕刻者或擅於操作機械等特殊潛能。

資優者是很多人的「迷路」，這本書我想從「資優」這兩字開場破題，給人撥雲見日，我的臨床經驗給出完全不同風景，很多風起雲湧的人生困境都與它造出的濃霧有關，成龍成鳳的奢望帶起千堆雪，讓很多人陷在泥淖之中。

教育家不該相信「天才」這種假議題，容我破題解謎：

以飛來說，鳥是天才，信鴿是資優生，但游泳卻很拙笨，那牠是天才抑或笨蛋？

如果還不貼切，我再舉一例，甜柿與檸檬誰好？

比甜度，甜柿好吃；比酸度，檸檬破表，誰好？

容我再說個小故事：

水族缸裡有一條斑爛的熱帶魚，希望能游回海洋，主人提出一個建議，只要牠能學會爬樹就放牠自由，熱帶魚信以為真，便開始在主人放置的假樹前勤奮練習，還是沒有學會爬樹，最後沮喪絕望……得了精神病。

懂了嗎？

天才何用，這是我百思不解的？

買菜便宜十元？

做事快十分鐘？

比我更早登陸月球？

捐的錢比我多？

他一定會當好人？

從事教育三十年，即使遇過或者聽過自稱天才的人，多半製造出來的都是悲劇，喜劇真沒幾件，以下這個醫生殺人魔就是一例：

柯南道爾創作的名偵探福爾摩斯，真正的原型是美國「福爾摩斯」醫生，有史以來的第一個連續殺人魔，用極為恐怖殘酷的變態手段殺害年輕女性，三十六歲被破例執行絞刑。

他是一名資優生，密西根州大學醫學系學歷，他在芝加哥蓋了一座旅館，後來便成了著名的「殺人旅館」，他用專業騙取年輕女性觀光客信任，再加以囚禁性虐殺害，並搜刮財物，豐富的醫學知識讓他懂得不露破綻的毀屍滅跡，將被害者遺骸分解轉賣給醫學中心做研究，殘酷的犯罪行為令人難以置信。

「我生下來就有一個魔鬼存在我的身體裡。我無法不當殺人犯，正如同詩人無法不抒發靈感。」

這是福爾摩斯被執行絞刑前的告白，心理專家一聽便知道所謂的魔鬼就是「壓力」，通常不外乎用期望、要求等等包裝而成的成績與成就，出人頭地使人的魔性開始萌芽流竄。

一八六〇年代的美國是一個移民社會，階級意識仍濃，被要求闖出名堂出人頭地是意料中事，「分數」這兩字台灣尤勝，我的臨床經驗驗明，它的確具備十足的魔性，容易走火入魔，父母不知不覺的霹靂手段，卻一點一滴溶解傷害孩子的人品。

台灣的案例也不計其數，好些年前的一個春天，六點的春寒料峭之晨，我便從家出發搭上高鐵到台中的一所高中演講，回程閉目養神，心情卻一直停留在學校早上發生的跳樓事件：「怎麼會這樣呀？」

當日開場前我便敏銳的嗅聞到詭異的氣氛，校長與主任的焦慮全寫在臉上，聽輔導主任小小聲告訴我：資優班的一個學生跳樓了。

醫生父親也是資優生，向來無往不利，他因此相信自己的孩子一定也行，他完全忘了岳飛生不出岳飛，張飛的孩子也不是張飛，他的兒子未必能或者喜歡當醫生。

他反覆提醒兒子：醫科是唯一志願，考不上就別活了；孩子有如菜農一樣一斤五元的盤算分數，無論如何加減乘除都考不上醫科，即使考上也不喜歡當醫生，那一天留下了遺書：「對不起，我做不了你要我做的事。」便從自家樓上一躍而下，絕塵而去。

一年或者二三年總有一回或者多回上報媒體的慘案，資優的過度奢求，往往會一寸寸的吞噬了人格與抗壓性，有人用壓力傷害別人，有人則用它傷害自己，重複上演社會的悲劇故事。

日本電影導演是枝裕和擅長用單調的劇情拍出發人深省的味道，尤其《橫山家之味》，劇中老醫生橫山投射作用出來的成就主義，其實與資優無異。

男主角是阿部寬，戲中他飾演被要求從藝術系轉回醫科的兒子，在導演刻意安排下，橫山家之味開始變質，慢慢從夏日炙熱的午後，待在陰涼的屋簷下，品嘗消暑的西瓜，再來杯沁涼的麥茶，談談過去的快樂家庭，稀釋成了處處摩擦、春去秋來、無一樂事的冷井人生！

美味關係最後以悲劇收場，橫山老先生去世後，是枝裕和用阿部寬到墳前獻花的反省，點出人生的要與不要，喃喃自語的那一幕代表的是因為錯誤期望，讓彼此「錯過」最美好的時光，得來了酸楚與傷感。

這是一部「哲學」電影，讓人思考優秀與人生的關係，成就與親情的比率，如果不是非要高人一等不可，阿部寬的藝術人生是否更加平凡有味？如同電影的開場白，普通的食物素材，普通的家庭，母親興趣勃勃的用巧手變化出一道道可口的佳餚，讓家添了想念與味道。

資優引出了比較與競爭，忘了每個人都有的才幹，其實「各行各業」都有佼佼者，只要具備職人精神，把自己變身很有本事的達人，這就是菁英了。

《論語》上有：「知之者，不如好之者；好之者，不如樂之者。」

我喜歡這種浪漫境界，現實生活中，快樂優於喜歡，喜歡優於成就，飛龍在天，羚羊奔馳，游魚戲水⋯⋯人生要的真的不只是成就上的滿足，還有日升月落、潮來潮往的優雅生活，金錢的得與捨、頭銜只是人生地圖的虛面，更真實的要自己去好好彩繪。

是的，資優只代表他能勝任某一件事，但不一定是一統天下的武林盟主！

課堂 02

# 「天賦」是一套「1」的理論

《拾遺記》中提及周穆王八匹駿馬，一絕地，足不踐土。二翻羽，行越飛禽。三奔宵，野行萬里。四越影，逐日而行。五逾輝，毛色炳耀。六超光，一形十影。七騰霧，乘雲而奔。八挾翼，身有肉翅。

我以奔宵與騰霧為例，你來想想牠們有何不同？

「奔宵」是日以繼夜的馬，靠的是耐力，不快但可持久；「騰霧」顧名思義是騰雲駕霧，肯定風馳電掣，快如閃電，這兩匹馬一快一慢，功能不同，要求不同，賦予的使命也有所不同，但都叫駿馬。

懂馬的人會賦予牠們不同任務，那個人叫做「相馬師」。

雲南與緬甸交界的地方出產一種優質美玉，紅得亮眼的叫翡，綠幽幽的叫翠，通體透明的叫做冰種，紅配綠加白叫做三彩，一個美得不得了的石頭，動不動就十萬數百萬元，因而興盛了一種行業叫做「賭石」——買一塊石頭，挑出來買下，剖開來一翻兩瞪眼，翠了便發了，但常常矇了。事實上這些被用來賭的石頭早被一種人挑選過了，呈現在眼前的石頭便十石九啞。

這種行家叫做「相玉師」，能看出石頭與好玉的差別。

「你爸爸真天才，滿山的橘子，他一眼就可估出一萬公斤，非常準！我們都辦不到」，叔叔說的「天才」指涉的應該只是天賦，一種與生俱來，即使是自己兒女也學不來的才能，上「天」所「賦」予。

天賦我可能也有，只是方位不同。

第一名不是我的專利，但我有過人的「文字收納能力」，可以很快速精準的吸收到一本書裡，作者想傳達的義理菁華，進而分門別類的放進我腦海中的知識百寶盒中，必要時還能提取出來。

腦袋裡裝很多名人雋語格言，很多是我讀一遍，便過目不忘記下的，我也一直很想知道理由？

明察暗訪的結論是「天賦」，就是我有這種天分，而它保證來自我的父母，百分百天生，但更重要的是，我也有努力找尋更好方法。林語堂說，讀書一事必以氣質相近者為先，同質性很重要，閱讀也有相同理論，名人格言如果接近你的理念就很容易記下了。

天賦論最有溫度的說法是莊子的《養生主》：「吾生也有涯，而知也無涯。以有涯隨無涯，殆矣；已而為知者，殆而已矣！為善無近名，為惡無近刑。緣督以為經，可以保身，可以全生，可以養親，可以盡年。」

大意是我們的生命是有限的，而知識是無窮的，想要用有限的生命去追求無窮的知識，太疲倦了。

莊子的重點是，不要想什麼都懂，但要「盡享天賦」，用我的理解則是「演好自己」。他做了這樣的比方：螣蛇無足而飛，鼯鼠五技而窮，螣蛇是一種龍，沒有腳，但能騰雲駕霧，悠游空際；有種老鼠叫鼯鼠，他會飛、會鑽、會爬、會跑、會游等五種不同鼠類的能力，但就是沒有一樣是專一的。

最後莊子意有所指的說到了庖丁解牛的寓言，我懂他的意思，做什麼都好，但要做到最好。

一輩子能把一件事發揮才華到了極致，便很了不起了，它做的是一分之一。想學會兩件事，能力可能對半，應是二分之一。

三件事除以三，是三分之一。

四件事應該是分明找死。

五件事呢？莊子說五技而窮了。

你我皆凡人，只能做自己的天才，美國總統林肯曾在就職演說中如此說道：「一個好的目標，絕不會因為慢慢來而落空。」

即便天才，努力也很重要，葛拉威爾在《異數》中探討傑出的成功人士為什麼與眾不同時指出：不管哪一種專業，成功的最大前提，都是要有「一萬個小時」的不斷練習，才有出類拔萃的結果。

佛利伍麥克（Fleetwood Mac）是著名的音樂人，做了十五張水準很差的專輯，從最初的藍調走向搖滾，再由雷鬼朝向前衛搖滾，最後才發展出大家所熟悉的樂風。前後十年他做了什麼？不斷練習、不斷摸索、直到找出最好的一種，大約也是一萬個小時才成了業界翹楚。

古典音樂大師的音樂作品，幾乎都得投入一萬個小時練習，才寫得出來。有人會問，神童莫札特呢？莫札特從十一歲就開始作曲，但作品的水準其實並不好，甚至有人猜測是他父親寫的。

等到莫札特寫出第一首偉大的作品〈降E大調第九號鋼琴協奏曲〉時，已經二十二歲，他早就花了十一年時間在練習。

葛拉威爾也從西洋棋大師身上發現，他們全都花了一萬個小時的訓練，如果每天練四個小時，也相當於十年時間呀！我費心用力說明的這些小故事，只想表明——任何專業都必須付出一定的代價。

這才是真正的天賦，否則即使你天生異能，擁有智商一百八十，除以二也頂多九十罷了。才華洋溢本來就是騙局，人非神，何必苦了自己。

天賦是一套「1」的理論，從一而終才是王道，它如同台語俗諺「戲棚下站久了，就是你的」吧！我在一百公尺跑不贏人，但改跑馬拉松何妨？

1，的確不多，但一億個1呢？

請想想。

課堂 03

# 輸在起跑點上的職人

「做什麼都好，但要做到最好！」

這是瑞士教育哲學給孩子的叮嚀，任何一位想成為出類拔萃的人都該要有的方程式，日本叫它「職人精神」。

「河豚除毒師」在日本是一個尊貴的行業，證照不好取得，因為河豚的毒腺可以毒死二十三個人，必須謹慎小心，通常跟從一位師父，一對一傳承三年，由老師批准考試，五位老師監考，一致通過才能取得。

稻垣篤子奶奶在東京有一家賣紅豆羊羹的老店，只有一坪大左右，年營業額約一億台幣，怎麼辦到的？她說，每一鍋都是三・五公斤的紅豆，熬製三小時，做出一百五十條，四十年沒有變過。

木井爺爺在京都有一家壽司店，套餐兩三千元，但依舊人潮不斷，預訂進食，每天不到中午就收攤賣完，怎麼辦到的？

老先生雲淡風輕的說：就是好吃。

但事實上魔鬼就在細節中，他把它視為一輩子的功課，完美無敵。

這三個例子就是傳說中的日本職人精神，接近作家曾野綾子所言：「真正出色的人並不驕傲。」

天山農場的錢老先生是民國三十八年撤守的娃娃兵，父親是大陸出了名的飛彈科學家，而他年幼時被捉入伍，最後以士官長退伍，用榮民的身分承租一塊地種花。他父親的科學家精神有遺傳給他，小朵的百合經由他的基因改良，種成大大朵，得到各方青睞。父親是飛彈界的翹楚，他則是花界霸主，各領風騷。

時報出版的《太空船與獨木舟：戴森父子傳奇》，一直是我的案頭書，說的也是各領風騷、行行有狀元的故事，老戴森是知名天文物理學家，專注於太空科學的研究，希望能實現星際移民的夢想，為人類處境求得救贖之道；研發功能優越又符合經濟效益的「太空船」是他的事業理想，也是他遨遊太空冥想的憑藉。

小戴森不愛讀書，喜歡流浪，在加拿大卑詩省築樹屋獨居、隨海洋流浪，探索自然奧祕，認為人類命運取決於原始資源的更新；建造堅固實用、可遠航於汪洋間的「獨木舟」，是他的生命之夢，也是他實踐信念的具體行動。這對父子的學歷不同，對生活方式的理解也不同，理論主張與志業目標仍舊大不相同，他們互不相讓，在概念上卻有著微妙的類近，聰明才智也不相上下。

太空船一度阻斷獨木舟的夢想，但卻讓兒子失去人生方向，吸毒度日，最後老戴森明白海天一色的道理，有本事就可以各有一片天。

這兩個故事，則告訴我們另一種職人精神：「本事」無敵。

何謂本事？

它不是一種行業的名稱，而是把一種行業做到最好的專業，把簡單做到非常不簡單的過程。每個人都有一座「金字塔」，我們起先都在塔底，有本事的人會慢慢爬上了塔尖，這套哲理適用於百工百業。

我有很多古玩收藏，從中也發現了這套達人級的職人精神，比方：錫是馬來西亞的國寶，但售價不高；日本是錫的發揚者，高貴很貴，差價就在職人精神，日本的精工把錫的茶罐變成了精品，動不動就上萬元，是藝術品的價格，重點是有人埋單。

紙、筆、墨、硯是書法必備的四大法寶，早年價格一條十元的墨條，但在陳嘉德老師父的手上，可以幻化出三萬價值的收藏品！這個驚嘆號，不是說有就有的，通關密語就是「做到最好」。

「把簡單的事做到最好！」這是著名的阿默蛋糕的廣告；「在乎每一道細節」則是聞名的小籠包子店鼎泰豐的信仰。職人永遠輸在起跑點上，但會在終點贏了回來。

英國有句俗諺說：「一技在身，百里好行。」

一技在身？

簡單吧，但也很不簡單！

課堂 04

# 你給孩子留下什麼？

員外把兩個孩子叫到書房，告訴他們已分好家產，一分是錢，一分是書，哥哥不經思索馬上說他要書，弟弟喜上眉梢得到了白花花的銀子。

多年過後，哥哥的事業蒸蒸日上，弟弟千金散盡，敗光家產。

這是一則有寓意的寓言，弟弟得到了財富，哥哥擁有可以得到財富的智慧。

「子孫若如我，留錢做什麼？賢而多財，則損其志；子孫不如我，留錢做什麼？愚而多財，益增其過。」

林則徐的家訓名聯一直是我的座右銘，意思是子女有才有德，又何須父母操心費勁，多留財產給他，只是減低他的志向而已；子女無才無德，縱有萬貫家財，也會被揮霍一空，甚至招來禍害。

金錢如果沒有好好修飾講解，真的是禍害。我們每一年都至少會聽到一件，或者好多件兄弟鬩牆爭產的事，輕則互告，嚴重者互殺，演成人倫悲劇。有些只為了區區的五萬元便可以殺紅了眼，有些已分得一百億，相差三千萬也可以公平之名，家人間拿槍互轟，這樣的教育即使再有成就，都應該是悲劇吧。

林則徐的「十無益」格言，此刻想起，便更加有味了：

1. 存心不善，風水無益。
2. 父母不孝，奉神無益。
3. 兄弟不和，交友無益。
4. 行止不端，讀書無益。
5. 作事乖張，聰明無益。
6. 心高氣傲，博學無益。
7. 為富不仁，積聚無益。
8. 劫取人財，佈施無益。
9. 不惜元氣，服藥無益。
10. 淫逸驕奢，仕途無益。

曾國藩的家書長年躺在書桌旁、離我很近的架子上，隨手取來就可以翻上讀讀，為人處事的章節是我的最愛，他的名言之一：「做個光明磊落、神欽鬼服之人」像我的座右銘一樣，一直典藏於心。

他在家信中勸誡弟弟：「萬不可走入機巧一路，日趨日下也。縱人以巧詐來，我仍以渾含應之，以誠愚應之……」意思說，千萬不要走入機巧這一路，慣於投機取巧，會日趨墮落。即使別人耍奸使壞，也要包容，裝糊塗、不表露出來，一直以笨拙、真誠來應對，不刺激他的壞心惡念。久之，覺得沒什麼意思，也就把那一難消磨掉了。如果跟他勾心鬥角，針鋒相對，報復起來沒個完，那就陷入愈來愈糟的惡性循環。

父親撒手人寰時，俗稱的手尾錢只有十二塊多，我分得四塊一毛，那便成了我北上工作的開基錢了，我帶上它與自己的才華闖盪台北，最後與爸爸一樣自豪的告訴子女，你眼睛見著的全是我自己賺的。

總合起來，父親教我的只有三樣：「勇氣，骨氣，志氣」，但三氣合一，一生受用。

勇氣讓我不怕難。

骨氣教我不怕苦。

志氣讓我相信「明日看我」。

我家有一間雜貨舖子，那是父親用賺得的第一桶金開設的，原意是養家餬口，怎知變來變去就成了替窮人解難的店舖，一些窮鄰居來買東西是免錢的，但他與父親即使稱兄道弟，也非親非故。年夜飯前的那一把火，我的印記深刻，帳單燒了，等同無有來去，一筆勾消，化約成了我為善的動能，一生受用的禮物。

「微善雜貨舖」是我臉書裡的一個店名，它是父親的「丙丁雜貨舖」的翻版，父親在賒欠之間抉擇大愛，我則更上層樓，還偶爾批貨，把雜貨舖裡更窮的人的手工皂帶去演講場合販售，對我來說，這是不可能的任務，很不習慣，但硬著頭皮。

演講結束，我取出手工皂，一位媽媽帶女兒上前買了一套，並且小小聲告訴孩子助人的理由，還說游老師比較為難。

嘿嘿，這是不一樣的身教，孩子看在眼裡，以後可能會是牢牢記在心裡的種籽了。

有人問我：老師，你怎麼可以雲淡風清助人？
因為……那不是「錢」，而是「慈悲」。
它是父親人生哲學澆灌，得出來的醍醐灌頂：
一百年，
一百歲，
三萬六千五百二十五天，
九十萬小時，
等於一輩子！

與地球四十六億年相比，一百年不過一瞬，得到的錢，證明自己很有能力，
但用於大愛，證明的是：錢可以慈悲！
萬念皆空善不空，做得到，我就做；做不到了，我也會放！

錢是什麼？答案在：你用它做了什麼？
這是父親教我的事。

課堂 05

# 不要給兒女亂貼標籤

美國精神科醫學會DSM-IV的「過動症」臨床診斷標準，至少就有這麼多項──

過動兒容易出現下面的症狀：

**《注意力不集中》**

1. 過動兒無法注意到小細節，或因粗心大意使學校功課、工作或其他活動發生錯誤。
2. 過動兒在工作或遊戲活動中無法持續維持注意力。
3. 過動兒在別人說話時似乎沒在聽。
4. 過動兒無法完成老師、家長或他人交辦的事務，包括學校課業、家事零工、或工作場所的職責（並非由於對抗行為或不了解指示）。
5. 過動兒缺乏組織能力。

6. 過動兒常逃避、不喜歡或拒絕參與需持續使用腦力的工作。如：學校工作或家庭作業。
7. 過動兒容易遺失或忘了工作或遊戲所須的東西。如：玩具、鉛筆、書等。
8. 過動兒容易被外界刺激所吸引。
9. 過動兒容易忘記每日常規活動，需大人時常提醒。

**《過動及衝動》**

**過動**

1. 過動兒在坐位上無法安靜地坐著，身體動來動去。
2. 過動兒在課堂中或其它須乖乖坐好的場合，時常離席、坐不住。
3. 過動兒在教室或活動場合中不適當地跑、跳及爬高等（在青少年或成人可僅限於主觀感覺到不能安靜）。
4. 過動兒無法安靜地參與遊戲及休閒活動。
5. 過動兒經常處於活躍狀態，或常像「馬達推動」般四處活動。
6. 過動兒經常說話過多。

**衝動**

1. 過動兒在問題尚未問完前，便搶先答題。
2. 過動兒不能輪流等待（在需輪流的地方，無法耐心地等待）。
3. 過動兒常中斷或干擾其他人（如：貿然插嘴或打斷別人的遊戲）。

即使通過了這麼多的評估，診斷為過動兒的，一、二十年後重新檢視，多半會意外發現多數是誤解，「成長」到「成熟」本來就是一條漫漫長路，每一個人的年紀不同，表現的能力也就不同，不同的人在同一年紀也有所不同。

文章開頭我落落長的寫出繞口令般的醫學診斷標準，無疑要告訴人：不要輕率定論！你是老師不是醫生，你是父母，可能也不是醫生嗎？都不是，憑什麼幫孩子按上病名？其實連「可能」兩字都不該輕易說出口的。因為病名有時如同三秒膠，黏上去了，未必撕得下來。

五歲孩子的媽媽舉手發問：

「如何讓兒子提高自信／勇於學習／生活快樂⋯⋯？」

要求這麼高？

我聽到頭昏，如果標準不改，這個孩子遲早會被她當成了低能兒，不是嗎？

五加二等於多少？

三歲的孩子可能想很久，答案還錯。

你呢？

連想都不必想。

一百元去超商買了二十三元還剩幾元？

小朋友可能久久想不出答案的題目，你用不了一秒。

兩種情況都是「我」，一個是小時候，一個叫長大，那一條長軸叫做「成長」。

瑞士兒童心理學家皮亞傑（**Jean Piaget**）說過：「孩子的名字就叫小孩」，他的意思是，二歲只會做二歲該會的事，不會十二歲的，更不懂二十歲的；但有一天他會是十二歲，二十歲，不懂的便會全懂。

法國心理學家宣布過動兒不是病，它被除名的理由是：安靜不是孩子的特質，他們是動物，不是礦物。

精神分裂，憂鬱症，躁鬱症，自閉症，過動兒，注意力缺乏症，情緒障礙或者亞斯伯格……等等強加的「罪名」多數與學習有關，父母私自認定，不是第一名就是有病，沒考一百分肯定注意力不夠集中！這些父母便像畫靶射箭者，往孩子身上貼上標籤。

於是，孩子就不再是孩子，而是病人了。

病人看醫是天經地義的，醫生用藥也合情合理，但你可知藥是三分毒，一旦腦部跟著受害，人變得晃神痴呆，水泥就變不回洋灰了。

做為一位專業人員，我完全同意用藥效果，它可以明顯改善情緒，然後呢？容我再舉一例：

孩子坐在診療室的一角，媽媽比手畫腳告訴我這個孩子多有問題，愛生氣，情緒經常失控……輪到孩子時，他告訴我，媽媽生氣時會用頭撞牆，原來他不是情緒障礙，而是學了她，該治療的是媽媽，不是治療孩子。

臨床是一門專業，我用它來判生，不是判死，不是去論斷孩子得了什麼病，而是幫孩子找著閃亮光芒。

課堂 06

# 人生唯一的真理是：沒有真理

隋文帝開皇七年立科舉，清光緒三十一年廢止，一共延續了一千三百一十八年，出品了八百八十六位狀元，你記得了誰？應該是一個也沒有？不信我考考你：文天祥是誰？你的答案不用說，我也知道是《正氣歌》的作者，還有呢？

18歲時獲廬陵鄉校考試第一名；理宗寶祐四年（一二五六年）入吉州（今江西吉安）白鷺洲書院讀書，同年中選吉州貢士，並隨父前往南宋首都臨安應試。在殿試中，他作「御試策」切中時弊，提出改革方案，表述政治抱負，宋理宗親拔為第一，考官王應麟奏曰：「是卷古誼若龜鑒，忠肝如鐵石，臣敢為得人賀。」

文天祥，如假包換的狀元，但歷史上的他是一身骨氣寸土不讓的英雄，不是那個考試第一的文弱書生。

唐朝負有盛名，「一字值千金」，書法結體遒勁，而且字字嚴謹，一絲不苟。

在字的特色上，初學王羲之，後師顏真卿，以瘦勁著稱，所寫楷書，體勢勁媚，骨力道健，以行書和楷書最為精妙。這個人叫做柳公權，唐元和三年（八〇八年）戊子科舉狀元，他精於楷書，也擅長行草書，和唐代另一大書法家歐陽詢、顏真卿、元代趙孟頫，合稱中國「楷書四大家」。

清朝積弱不振，光緒有心變法，他的老師冒死夜訪汗漫坊，找康有為論國事，在一八八九年光緒親政時，呈上馮桂芬的《校邠盧抗議》，主張穩重務實的改革，強調西學的重要……這個人叫做翁同龢，光緒的老師，咸豐六年狀元，如果我不把他寫了下來，很多人對他的印象可能止於光緒的老師吧。

中國歷史上確實有出現過女狀元，時間是在一八五三年的太平天國，第一位也是唯一一位的傅善祥；用女真文考試中狀元的，應該也是唯一一位，是金世宗大定十三年（一一七三年）策論進士狀元徒單鎰。這些人應該都有一些本事，至少有些亮點被主考官看見了，但何以一生沒有什麼創見，對社稷毫無貢獻，他們少了什麼？

因為他們只是學語的鸚鵡，一台複印機，拿著一張印好的兌換券，就要用它換得「本事」、「專業」的人？但人生卻沒有這般簡單，課本內藏著的知識只能應付考試但應付不了人生。

不信？

看看以下幾組數字你便懂了。

1000億～4000億？

這是我們的銀河系裡高掛的星星的可能數量，每顆星星大約都等同一個地球，你能想像一千億顆的星空有多大了嗎？

1200億是？

這是銀河系的可能數量。

1000億×1200億或者 4000億×1200億是？

宇宙。

如此廣大無垠的宇宙，人顯得如此渺小，你還相信有第一名嗎？還會以為優異分數贏了人，便等於贏了全世界？

我前一分鐘前提及的宇宙，你還記得多大嗎？你又了解多少？有無外星人？所有人都是用猜的，真想翻找宇宙找著他們，也許需要一億年。

登陸月球是人類的大事，他用了一段長長的歷史才辦到了，但雲深不知處的天王星、海王星、冥王星，還有更遠的不知名星球呢？我們的有生之年能夠了解的機率應該接近零吧！宇宙太大，人很渺小，你能理解一束從我們眼前閃過的光，出發至今可能已走了十萬年才與我們擦身而過，很難想像是唄？但就是事實。

你若是海洋學家，潛進海底世界一整天，至少可以發現四十種以上前所未知的物種；人類可以理解預防有抗體的細菌約莫三百種，但細菌的總量卻有二億種；沸騰的溫度是一百度，以前以為在這種高溫的環境下，生物是難以生存的，但科學家在海底火山高溫一百六十度的地方，卻仍發現有蝦類悠遊；二氧化硫對人而言是毒物，會致命的，但科學家卻發現有吃硫化物的物種……這些神奇的事一直在發生，你想到了什麼？

宇宙太浩瀚，我們一無所知。

愛因斯坦穿梭時空的理論，如果保持想像也許就有可能發生，但我們一定見不著「咻一聲，便抵達天王星了」的科技……

別說不可能，因為所有的可能，在以前都是不可能的。飛行不是一度被認為是天方夜譚嗎？但現在是日常生活的事；留聲機被愛迪生發明後，世人一度不相信，以為是笑話；你家使用的電腦，人家在千里之外就可以釋放病毒攻擊……誰說公元七一七四年，不會真的一個按扭就到達非洲呢？

知識的意義未必只是掠奪，而是可保有更多的浪漫與想像。

課堂
07

# 「珍惜」不該只有心動，而是要行動

我算吝嗇鬼，喜歡說「不可以」，常常惱火兒女。其實我教的是珍惜，要他們懂得一切得來不易。

「錢」的使用權，我有一條涇渭分明的楚河漢界，以旅行為例，一家人花用十幾萬，我根本眉頭都不皺一下，這是當花；同款的鞋子家中已有三雙，還想再買，就是浪費。

你作主或者我作主也是我想說明的，每分錢都是我用凌晨三四點醒來坐在書桌上爬格子辛苦賺來的錢，我作主，我有否決權；有朝一日他們畢業了。有了工作，衡量經濟，覺得沒有負擔，他們自己作主。

女兒有一次看上一雙鞋子，定價頗高，我問了開鞋店的友人表示有辦法調貨，差價約一千元，我告知女兒得等三天，但她說與同學有約，當日要買，我不動聲色取出四十本書，告訴她先去夜市賣光。

她如丈二金剛摸不著頭門，一直望著我，我語氣平和告之：

「一本書的版稅大約二十五元，一千元的差價應該是四十本書的版稅，如果你賣出心得，明年到峇里島兩萬五千元的旅費也可以這樣籌措。」

我問女兒，這樣要賣幾本？她答稱一千本。

答對了，那一晚我先把四十本書綁好，讓她體會一下重不重？再提醒她一定得賣掉。但當天她根本沒出門，一個人在房裡生悶氣。

我的演講一度是由經紀人安排了，但很快就因為覺得自己像商品，四處販售知識而取消，但分手無惡言，彼此還像朋友。有一回我們相約用餐，途中看見一位年輕人開著一輛高檔的法拉利，從我們前面飛馳而過，我突然有感而發告訴經紀人：「這個孩子完蛋了。」

他很驚訝地望著我，我再度加重語氣，強調了一遍。

為什麼？

因為得之太易，很多問題的根源其實很簡單，但沒教就一定不會懂，珍惜就是如此。

那些富二代急駛開車在雪隧撞死人的那一則新聞猶在耳，他們開的會是貨車嗎？不，每輛都是名貴好車，但二十多歲憑什麼？誰買的？這些名車有些是以生日之名給他的，如同天上掉下來的禮物，會珍惜嗎？

這些父母教孩子天下有白吃的午餐？植入的正是人生的木馬病毒。

以前有一位電視主持人在節目中做效果提問：

「父母搭乘的飛機遇上亂流，隨時會墜落，如果理賠金是一百萬，你希望它墜機嗎？」全部的學員搖頭。

加碼到一千萬，就有幾位舉手了。

加碼到一億？

紛紛舉手。

這是真的答案嗎？如果我是舉手那個人的父母該作何感想？

「珍惜」兩個字不能只是說說就好，它不該是一種心動，而是一種行動，以身示法讓孩子看見。我的媽媽臨終之前，有一段時間住在安養中心，我大可付款了事讓專業者幫忙，但我刻意選擇離家不到十分鐘路程的地方，讓她受到更好的照料，而我則排除萬難一定得按時探望，撫摸她的臉，捶捶她的背，聽她說說話，即使她失智根本記不得我了，有時說我是朋友，有時是鄰居，有時是弟弟，後來是路人甲，但無所謂，我只是珍惜那個來日不多。

女兒未留英之前，我一直要她陪著，次次回回告訴她緣分的難度，要修得百年千年，所以請珍惜。我告訴她，與奶奶的今生親緣已在倒數計時，不捨也會捨，終需一別，一口氣尚在就多陪陪她。

教育這件事，不要只是一再的替兒女設想如何闖出一片天，因為天空愈大，情分日少，沒有「珍惜」兩字護持，一飛，就怕兒女一個南漂北漂，就去了九霄雲外了。

課堂 08

# 親子間不可或缺的記憶

家鄉老家附近有一條河，老舊的水泥橋把兩岸之間聯接起來，父親用來養家餬口的竹筍園就在河岸的另一頭，走路約莫二十分鐘的地方；但若從後門出去，越過別人家的麻竹園，撩溪過河便可以很快到達我家的園子——那是我們偷懶玩耍捉筍龜時的捷徑。陪父親採筍，仍得與他一起牽著腳踏車走遠路，渡過橋，再折回頭，下坡坎，到達園子。

竹筍園裡的活兒多半不止是採收、除草、施肥、翻土，而是媽媽擔心父親一個人孤單，囑我與弟弟一同前往，父親除草的時候，我們多半象徵性的幫了一下忙，便開始挖起了蚯蚓，綁上魚線，在竹筍園最東邊，河道彎曲處的緩流區，下竿垂釣，這裡的魚兒多半隱身在底，悠遊覓食的。父親指點我們應該要用沉釣，我們因而加綁了鉛塊，繫上浮標，綁上扭動不屈服的蚯蚓，下竿靜觀其變。這裡的釣況永遠是好的，上回釣走了一批，媽媽已經炸成好吃的佐料，給我們帶便當吃食了！新的魚群再度補上，占據這個安穩的新家，我們再度下竿時又大有斬獲，父親時不時會走過來打聽戰況。傍晚，他荷上鋤頭扁擔，我們提著魚兒，一起乘風赴歸，媽媽則奉上茶水，收下我手上的魚，開心準備晚餐。

竹筍園離河太近了，蘭陽又是多颱風的一個城市，常常一個拐彎，颱風便折返回來，夾帶著暴雨，河水暴漲，淹上園子，強勁的水勢一併帶走二三畝，最多到了十畝父親辛苦植栽的竹筍。風災過後，滿地泥濘，父親清理，我們則苦中作樂捉魚。

大水急速漲消，魚來不及撤走，被困在園子中被洪水沖刷形成的小池子，有大有小，都有不少魚，真是得來不費工夫，父親命我們回家取來魚簍，把魚趕入其中，再撈取上岸，收獲遠多於我們的下竿垂釣。有好幾回還因而捉到了鰻魚與鯰魚，賣了一筆錢。

我們因而有了靈感，颱風來臨之前，我們帶上工具出發園子加工施作，挖出了一個個小窪，等待洪水把它變成了大池子，困住更多的魚，父親對我們的小聰明讚譽有加，說我們會動腦筋。

這些童年往事，原來以為隨著記憶便慢慢消散、層壓在暗黑的庫房之中，疊疊壓實，成為潛意識裡的一部分，不可能再有重見天日的一天……哪知道，人生原來是會迴光返照的！當記憶的鎖片不小心蹦裂開來的時候，這些記憶竟像陳年的葡萄酒一般，從橡木桶裡倒了出來，溢出了酒香，我才知道，記憶這種事，原來是一瓶醇厚的酒。

我因而理解朋友家中的那一面牆有多麼彌足珍貴了！裱框裡的作品其實是記憶，有兒子的第一雙褲子，女兒鍍銅的鞋子，他們寫下的第一筆一畫，第一篇作文……都成了框中物，留在記憶之中。他說有一天，也許是子女結婚，再用最隆重的方式轉給他們。

記憶在媽媽離世之後，我漸次知道它勝過成就，勝過財富，它是一切，我翻箱倒櫃在媽媽房中翻找的，不就是記憶嗎？

岳父替家人留下一面牆的相片，年月日排放整齊，泛黃的相片鑲著記憶，那是我初次到太太家看見的驚奇感動，而今我也懂了，太太一翻開便可以打開記憶的時光隧道，記起了某年某月某一天裡的一些事了。而今，她用同樣的方式典藏住了我的一雙兒女的記憶抹片，孩子們每一次翻開太太精心為他們加洗出的相片，再來一張張放進相片簿子的用心，開始會不經意的流露感動，並且稱他媽媽是魔法師了。

「記憶」這樣東西，有時如酒，醉過方知酒濃，但最好不要如是。人生一直是一種選擇，向左轉向右轉，腦袋裡只惦念成就，關係便剩斤斤計數，減去的就會是情感，親子之間便不可能會有足以珍惜的畫面了。

時間是不可逆的，也不可能一體兩用的，一直用來打造成就，就不太可能演繹親情，忙這個字就會被分開來成「亡」與「心」了。

想一想，你給孩子留下什麼記憶？

課堂

09

# 身教的力量

我的「微善雜貨鋪」，幾年來累積不少動人的故事：

有個讀者在二十二年前出了一場大車禍，失去行動能力，但他告訴自己不能倒下，因為還有孩子嗷嗷待哺。他從原本的半個植物人，努力復健到目前已可以坐著，大約五年前開始了手作，又看到食安風暴，萌起他要做最安全、最健康的食物，讓大家吃得健康、吃得安心！

行動不方便的他，並未因而自怨自艾，反而婉拒友人捐助，自己手作。他，只要求我給一個平台。

這種勇氣我很感動，雜貨舖派上用場，銷售他的產品，我主動為他寫了宣傳文章，告訴我的讀者：他的手作醬油很特別，醇釀費時十八個月，需要天天照顧，就像照顧嬰兒一樣，倘若變質，整甕都不能用！從洗豆子、煮豆子，層層的工序繁複，入甕前還需加入新鮮鳳梨泥一起長時間發酵，百分之百純黑豆釀造，非化學，原色原味，起甕後熬煮入粿袋，一點一滴的滴出，費時八個小時，加入水麥芽、甘草、冰糖。再顧在爐邊熬煮五個小時，完成後趁燙裝瓶，待冷卻後再慢慢包裝，希望大家吃的健康。

無人工添加物，絕不含防腐劑，香醇，潤喉，不死鹹，自然回甘的醬油，我們齊心齊力用一小時賣光它，收攤的剎那我熱淚盈眶。

有臉友私訊我，他說非常憂心辛苦又年邁的父親，仍然堅持以傳統的土灶烘焙，燒龍眼木，以不斷加熱產生香甜味的方式烘製龍眼乾；大約三斤龍眼鮮果，經烘焙乾燥後，才能成為一斤帶殼龍眼乾，製作流程相當繁瑣及辛苦。

從採收、柴燒、備料、剪果、修剪、放料、烘焙（以龍眼木）及翻焙，每次至少兩天兩夜，前後總共要三次，至少歷時六天五夜，最後製成龍眼乾。

烘焙時的夜晚，年邁的父親為了顧火不熄，只睡一兩個小時。農民們真的很辛苦，實在需要大家用行動支持他們，才能將此傳統繼續延續下來。

最後他問我，還剩一些沒有賣完，可以PO微善雜貨舖嗎？

當然可以。我們約莫只用幾小時也銷光了它。

與善導書院的第一次合作是在院長捎來訊息，告訴我：盛產的鳳梨，還有一萬公斤未銷出怎麼辦？

一萬公斤？

我硬著頭皮接下這個不可能的任務，最後因大家大力分享，消息等比發散，我們用一天時間賣完它。

我二話不說替這些撐起半邊天的衝動播種，如果是善種籽，誰埋下的？

媽媽離世，去辦理印鑑證明，經辦人為了確定身分問我幾個問題，前幾題輕鬆答對，問我在家排行老幾？我卻失神打結，老大？老二？老七？幾個數字如走馬燈閃個不停，但最後依舊答錯，我是媽媽親生的老大，哥哥一直住在我家，他是向四伯父領養的，我是老二，父親另外領養五個小孩，我是老七，這便是我們家的結構主義，頂複雜的，但卻提供我一池善的活水。善導書院用賣鳳梨的款項替人照養二、三十位小孩的故事，一下子便打動了我的心靈，父親的影子閃過，我慢慢把不解父親為何領養別人小孩的縫隙補上，通了任督二脈，彷彿懂了。

我毫無懸念，近乎兩肋插刀的幫忙這些需要被幫助的人，我猜想關鍵源自於父親深埋的這粒種籽正在悄悄萌芽。

三十八歲那一年，演講成了我的主要收入，它是薪金，更是養家活口的依憑，前半段我以價制量，價格在前，二萬優先於一萬的，但孩子慢慢成長之後，八千便可以大於二萬，價值優先。

風塵僕僕，一山翻過一山到達後山部落演講，再載著星光回家，完全忘了一千兩百度的暗黑視力。動力不是錢，而是愛吧，只因他們說需要我的講座。

父親的善念一直是我的行為基準，隨著歲月挪移，我日益像他，這就是身教的力量，一種模子，不著痕跡的印記出我的為人處事，價格與價值的板塊慢慢挪移。

媽媽購買了我的童書一套，怎麼搜盡衣褲還差六十元，我說算了，但他兒子堅持要他找找，最後兩人合力湊足了錢，那一幕我至今感動。

丹麥有句格言：「好榜樣就像把許多人召集到教堂去的鐘聲一樣。」這便是身教吧，你呢？給過什麼像鐘聲一樣的身教？

課堂 10

# 「對路」才是「好路」

結束「北漂生活」，東漂返回老家宜蘭，擔任生命線的主任一職。有一天，依例用走的上樓進到辦公室，在二樓時，眼睛餘光便在梯間看見一個人影，髒兮兮的，側躺成了彎曲形，聽見腳步聲後回正，我們四目交接，彼此嚇了一跳，他是我的病人，清大畢業生，怎麼在這裡？

他在杜鵑窩裡的故事，便一下子闖了進來……

他是個精明的患者，喜歡逗鬧護理人員。

「妳好漂亮哦！」

護理長低著的頭微微揚起，聽得出抿齒偷笑。

「好想花五百萬買回家。」

值五百萬？護理長這下聽得更加心花怒放，忍不住笑出了聲音。

「可是要放在我家的垃圾桶裡。」

護理長氣急敗壞，大聲回罵：「小心點，我會告訴陳醫生說你病情嚴重，替你加藥」。

他一直是醫院裡的開心果，但笑中我知道帶著淚。他何時出院的？怎麼會來宜蘭？他是來找我的？一堆問號馬上浮現，但還沒有散去，他已開口叫出我的頭銜：

「游心理師。」

真的是他。

我招呼他進到我的辦公室，跟同仁說明情況。我請了假，帶他回我家沐浴更衣，請來理髮師鄰居替他梳理一番，買了票，打了電話給他正在焦慮的父母，請他們到花蓮車站接他。車子開動的那一瞬間，我有著無比的傷感，我不知他接續的人生該如何演出？

清大畢業，高材生無誤，如果不幫他設下路障，讓他自由前行一定會是有路的，最好的一條是畫家。父母都是老師，卻一口認定成績優異的他該演科學家，選填志願時全程侍候，電機、機械、核工……，從未想過這些他們認定的好系，他的兒子沒有任何一樣是有興趣的。一個在東部學校池塘裡的人中之龍，第一名畢業的孩子，進到了北部名校的森林迷霧之中，落得每一科都低空掠過，徘徊在及格與被當邊緣，擦邊球畢業，人生渺茫，再後來，便是我在醫院中見著的樣子了。

另一條叫做「對路」，如果因而成了畫家，變成了畢卡索、莫內、達文西……會不好嗎？有人說這些人只有一個，是啊，但忘了嗎？我們也只有一個呀，誰說我們不會是出色的人？

國立大學財稅系畢業的人告訴我，他什麼也不會！別人也許不懂話中玄機，但我理解奧妙，他真的不會，理由可能是不喜歡自己所學的科系，所以四年來沒有把財稅讀會；而這四年，他放棄自己的興趣，該會的那一個欄別，他也一樣不會。

「事半功倍」與「事倍功半」是相同的四個字，但重組之後意義大不同。好路不錯，練習起來可能會是事倍功半；但對路成了好路，則駕輕就熟，事半功倍。

每個人都有屬於自己的舞台，像一齣戲，從導演、編劇、男女主角、配角，各種角色演員全各司其職，方可成就一部好戲。

「對路」一詞的意思是：大家一樣好，百分之九十九的人都很平凡。每個人都是一部大機器裡的小零件，演好自己就是出色。

「公平」二字是海市蜃樓，從未存在。優劣智愚本來就是同義詞，隱劣提優才是教育，我們只能開發自己的潛能，而非神力。

孔子的「吾不如老圃、吾不如老農」是一句實實在在的話，即使很有學問，但在蒔花弄草一事上，也比不過長年種花種樹的高手，術業真的有專攻。

前不久與一位醫生好友用餐，他意有所指的告訴我，人生若能重來他「絕不填醫科」，這個行業讓他有了錢，但沒了人生。

餘音繞樑，我也在想，自己呢？走的是好路？還是對路？

課堂 11

# 神木是慢慢長成的

莊子寫過一則預言：

煙霧彌漫的早晨，小莊划著船逆流而上。突然間，眼前有一艘順流的船隻直駛了過來撞向他。眼看小船就要撞上他的船，他高聲大叫：「小心！小心！」

但是，說遲來快，直接撞上來，他的船幾乎就要沉了。

他暴跳如雷向對方怒吼，但船依舊沈了。

很多時候，傷害自己的不是問題本身，而是當下的做法。事情發生了，解決就好，什麼都不做便會坐以待斃。

莊子想說的正是：念頭不變，命運就無法改變；念頭一變，世界就開始變了！

經驗加上閱歷等於智慧，這是德國教育的精髓，經驗一詞指的便是「失敗」，他們不在乎結果，但相信過程，覺得所有過程中的得與失加起來就會有好結果。

瑞士籍的木工達人馬丁的木作工廠收了一批台灣徒弟，他說最討厭動不動就嚷著「馬丁這怎麼辦？」的學生，他當然可以幫他們解決問題，但這樣一來，這些人就得不到該有的失敗經驗，馬丁的經驗還是他的，得不到傳承。

雲淡風清的一段話，其實非常語重心長的透露了台灣教育的盲失。

成功如果可以算是一種夢想，最好的利器叫做「一直走」，這樣就會到，但其中哪可能沒有起承轉合呢？

太太在廚房做菜，先生在旁邊敲邊鼓指揮：「鹽巴少放一點！火開大一點！煎蛋快焦了，趕快起鍋！水放太多啦！」

太太這下冒火了：「我燒了十多年的菜了，難道我不會做菜嗎？要你這大廚師指導！」

先生幽默回話：「我吃了你燒的菜十多年了，當然知道你很會燒菜。我只不過是想讓你知道：我開車的時候，你坐在身旁嘮叨指示我向左向右，就是你現在的感受。」

這個小故事某種程度上點出了經驗的重要性，它是一種設身處地，並且角色異位的經歷，透過它，我們也許懂得更多哲理，明白真實人生裡的不同觀照，才能理出「成就」一事都必須吃盡苦頭，才苦盡甘來的。

「成功」的上一站永遠叫做「失敗」。

人生不是人人都叫做「鄭成功」，成功兩字沒有可能與立刻，馬上連結一氣的，它必須經過春夏秋冬，才會真實有味，立竿見影與曇花一現往往只隔一寸。

失敗是提領養分的最好方式，我猜想如果沒有或者害怕失敗，我們應該不會或者延遲很久才會有電燈的，愛迪生至少經過一千七百次以上的挫折，才找著能亮的介質「鎢」的。

失敗最重要的夥伴是父母。愛迪生的媽媽扮演別人眼中「完全不天真可愛」的頑皮孩子的後盾，他在學校只讀了三個月，就沒再上學校。他母親用她獨到的眼光教育，仔細觀察自己的孩子，發現他在做事時，有著驚人的集中力，即使別人責怪「你的孩子怎麼這樣子！」時，她經常挺身而出，保護愛迪生。

沒有媽媽就不可能會有愛迪生，就不會有人縱容他為了瞭解火為什麼會燃燒，在倉庫內試驗，結果發生了火災；他想要實驗為什麼橋可以支撐過橋者的體重，就在小河上架了一座小橋，在想試試是否真的可以支撐自己的體重而站在橋上時，橋斷了，他立刻掉進水中差點滅頂；為了了解蛋生雞，連飯也不吃。因為他想知道人是否也可以溫雞蛋、成功的孵出小雞。

媽媽是火柴，點燃了愛迪生火苗，結果成就了閃著火光的火把了。

友人的兒子是棒球投手，先發的那一場只投了兩局，就因失分太多被換下，他說不知如何安慰，我回覆他：「我曾是棒球投手，我知道那種心情的。我曾被打爆也曾完投勝，各有不同風景。敗是勝的開始，不敗哪來勝，成功的前一站就叫失敗，不是嗎？」

我不是安慰他，而是說實話。快慢是人生的兩種步伐，如果用很短的時間來看，快是快，但若是五年十年，甚至二十年，快就未必是快了？

酒井雄哉是日本一位很有名的禪修僧侶，他的《一日一生》（木馬出版）一直是我的案頭書，躺在我的「讀書堂」書齋一段時間了。

他最著名的修行之一是走路。

凌晨一點走出寺廟，繞山而行，一趟閒旅，約莫六七小時，清晨七八點回到本寺；如果是從羽田機場搭上飛機，應該已經抵達越南了。

他從中想到了「速度」，文明把人的速度由夜行日達或漫漫長路，調至一日千里、一日生活圈……他相信人的「心」，一定趕不上這個速度，一旦趕不上便會急了，急了就會焦慮，一旦焦慮，人生就會苦不堪言……

他的禪理是：慢下來吧，總是會到，慢一點又何妨？

美國著名詩人佛洛斯特說：森林兩條路，一條眾聲喧嘩，一條人煙稀少，大路快達，但小路則有風景。

我的家鄉宜蘭，早年來台北最常使用的那一條路是北宜公路，公里數不長，但九彎十八拐頂磨人的，必須走走停停，沿途休息因而添了風景。雪隧開通之後，回家成了一條羅馬大道，不堵時很快到，堵車時慢慢開，兩種情況都無風景，塞車返家只添得怒火。

課外讀物對住在鄉下沒有圖書館可以借書的我們來說是奢侈品，唯一的養分是中央副刊。假日大哥會從郵局帶回來幾份，我視若珍寶把它剪輯下來一讀再讀，成為我的心靈食糧；週日之後，我便等待下一個週末，哥哥再度帶回來的中央副刊，周而復始的等待，讓我懂得珍惜，思出得來不易。

上大學後，我的每天餐費是五元，我常盡可能用了四元省下一元，一個月後結餘二、三十元，等待某一天假日，從木柵政大出發，騎著一兩個小時的單車到達當時的國際學舍，現在的大安林公園，或者光華商場地下舊書店，用這些錢淘書，得到劉向在《說苑》一文裡所言的：「書猶藥也，善讀之可以醫愚」，我的笨是這些書醫治的，用的方法叫做「慢慢等」。

這種經驗讓我想到兩種木頭：

一是硬木。

二是軟木。

檜木是全世界最好的木種之一，全球有七大檜木區。台灣的質地最優，主要生長於海拔一千至兩千六百公尺的雲霧帶之中，高海拔針闊葉林，但它的生長速度極為緩慢，年輪長成直徑三十公分，長成至少要耗時兩百年以上，神木則是數千年──「百年成樹，千年成材」，就是在形容台灣檜木成長的珍貴。

詩人余光中老師為它寫過詩：「神木為何總如此沈靜／古老的回憶究竟／內心轉多少層年輪。」幾千年確實是一則古老的漫漫長路的回憶。

「…三更雨，不道離情正苦。一葉葉，一聲聲，空階滴到明。」

這是溫庭筠《更漏子》詞中的梧桐樹，能下四月雪，高大魁梧，樹幹無節，向上直升。樹皮平滑翠綠，樹葉濃密，從幹到枝，一片蔥鬱，顯得清雅潔淨，長成「一株青玉立，千葉綠雲委」的碧葉青幹，桐蔭婆娑的十二米高大喬木，其實不必很多年。

軟木數十年即可長成，質地軟輕、韌性好，顏色偏白與紋理變化少，適合用來當建材，有紅松、白松、樟子松、魚鱗雲杉、椴木、楊木等……。

硬木要百年千年，是上天給予的珍貴寶物，只能「等待」。

欲速一定不達，慢工才有細活，這是千古不變的真理。

這些小故事無疑全在告訴我們，人生真的變化多端，不用在過程中斤斤計較，相信每一步，每一件事，每一個歷程都充滿意義，成長到成熟……就是過程，只有早一點或晚一點罷了！請相信我，成功不過是最後一站吧。

巴斯德說：「人生這部字典裡，最重要的三個詞，就是意志、工作、等待。」

不要再嫌孩子慢了，等吧，他正在長成神木的路上。

課堂 12

# 送給孩子閱讀的習慣

日本管理大師大前研一在大作《低智商社會》表明：一個沒有閱讀習慣的國家，很難發達！

只是，這套「煉金術」很少人懂得花三百元去取得。愛默生說，買一本書等於帶一位大師回家，一生教你。

教育不是教出偉大，而是特別、稀有、專一。簡言之，是「唯一」不是「之一」。整條街都是醫生，醫生便只是之一，病人反而珍貴，他們得賣力攔客。一個閱讀率不及百分之七的社會，兒女有閱讀習慣，懂得求知，就相對具備了特別性的優勢了，我若是老闆，一定雀屏中選，看上這種上進員工。

閱讀一事我有些見證：

莎士好喝，還是莎士比亞？

這是我小三時鬧的笑話，但我不可能從小到大一直不知道莎士比亞是大文豪，我透過讀書認識他，經由閱讀研究他的哈姆雷特與伊底帕斯情結。

演講時讀者問我，為何可以演講如詩？引經據典？出口就有格言？背那些多名人雋語是如何辦到的？

大哉問！

但答案其實很簡單，細節就在閱讀裡，作家吳爾芙說，每個人都該有一間書房，這間像金字塔、藏了很多知識的地方我確實有一間，否則巧婦難為無米之炊！

其次是要讀書，這點我如實辦到，每天清晨起床，三到六點便是我的閱讀時間，無論晴雨皆然，天天讀一點，一年便不少了；即使我出國講學，疲憊一天，回到旅店的第一件事便是沐浴淨塵，再來便是取書來讀，直到睡著了。

閱讀是我的習慣，身為父母的我們，應該送給孩子這個習慣。如果晚上不打開電視，離開電腦，別滑手機，時間是跑不了的，再深呼吸三口，坐了下來與孩子一起讀一本繪本，至多一年，或是半年就可能養成了習慣；當然，你還是可以繼續看名嘴像狗一樣吵架，若如是，伊朗格言：「這無疑是把黃金往外扔掉。」就會兌現了。

天天一小時，一年就有三百六十五小時，十年必定會有驚人的效用；算來時間很多，事實上仍是不多的，為了不浪費時間，我只讀「經典」好書，一本可抵十本，閱讀好書就可以得到好多智慧。

我的閱讀一直有「主題」性，這是我的獨家竅門，以一年為基準，讀歷史、人學、文學、環保與科學等等，融會於心，便會發現這些學問都可以據為己用的，那也是我在書中可以引經據典的理由。

鹿善繼說：「讀有字書，要識得無字之理」，我的解讀便是：不要標榜一目十行，過目不忘，讀貴在「想」，「想」才可以得出一個理字。

梭羅的《湖濱散記》我有十一種版本，每一個版本我都讀過一兩回，理由呢？想得其理吧，我一直在思考哈佛畢業的他，隱居「騰格爾湖」，過著苦行僧生活，為的是什麼？

職場打滾多年，忙得不可開交時終於狠下心來暫時退隱，我到太平山修行，書包裡帶上的便是這本書，重讀之後完全理解梭羅精神。是啊，為何活得像機器人？得到你要的，但為何沒有享受？如果貪心少一點，野心少一點，慾望少一點，人生幹麻那麼多，梭羅因而教會了我的減法人生。

閱讀送來的魔法不止我收到，李安也有收到。

他因閱讀小說，理解義理與哲思，拍出有深度的電影，被感動的影評人把他說成「有厚度的導演」。

據說他的每一部電影是從一百本小說之中挑出，決選五本，最後挑上一本拍電影。

林懷民老師也是受益人。

他讀《楚詞》，理解九歌十三篇，編出舞作《九歌》，《狂草》《竹舞》《行草》等等則是禪宗所賜，《水月》則誕生自佛學。閱讀是實力的助航器，經由時間加持，化身成為有「深度」與「高度」的作品。

演員想成為好演員是萬里路，也可能只是一步之遙。楊紫瓊是演員，想演好《以愛之名：翁山蘇姬》裡這位剛毅的緬甸領袖，她大量閱讀相關資料，並且吸收消化，誇言：「她會的，我都要會。」

甄子丹為了演好《葉問》，勤練詠春拳，並閱讀導演提供他的傳記資料，後來拍《錦衣衛》與《十月圍城》，同樣是靠閱讀來揣摩戲中角色。他在《讀者文摘》的一篇訪談稿中如此說：「以前我是演員，但有了閱讀之後則是表演家了。」

音樂家陳冠宇說：作曲家是曲子的作家，鋼琴家則是曲子的傳媒，演奏者的情感，必須有賴閱讀才能激發出來。他說，鋼琴家必須先清楚貝多芬寫作某首曲子的心情，這麼一來，閱讀《貝多芬傳》便是一種必要；同樣道理，欲彈好李斯特的曲子，就該讀《李斯特傳》或者其它相關的資料了，用心彈奏出來的就不止是琴鍵的躍動，而是黑白之間的故事了。

老師帶了一只麻布袋與書上了講台，鬆開布袋，讓它輕飄飄落地，再不動聲色拾了起來，俐落的把書裝進去，再鬆開布袋，「碰、碰」，這回落地的聲音清亮，嚇醒打瞌睡的同學，他幽默問道：「差別在那裡？」

「無貨」與「有貨」！

這個畫面太生動，我記下後從沒忘過，閱讀就是變身有貨之人的捷徑。

會讀書與愛看書，想一想，你選哪一種？

課堂 13

# 成龍成鳳，都得先有創意力

畫家的畫，如果說不了話，便是一幅畫，大約只能擺在地攤，論斤計兩的販售，至多是會畫畫的人；如果畫中有話，意境深遠，別人看了喜歡，願意接受提出來的價碼，才是真的畫家；若是隨意幾筆彩繪，就可以上拍賣場競標，應該就是藝術家了。

這是我寫信與學藝術的女兒對談時，其中一段寓意深遠的話，我告訴她關鍵在「腦」。

教育的意義絕對不是花了二三十年辛苦求知。若由小到大，經過大小考試戰役的考驗，利用成績分數進到了名校，小學到大學研究所，只得出了一個一加一等於二，那真是浪費時光！由一變多需要創意，如同富蘭克林所言的「腦子裡的智慧」，劉向所謂的「用來醫愚的歷程」，或者鹿善繼的「懂得無字書中的有字理」。

有人開玩笑告訴我，在迪化街看見一位買布的很像吳季剛，也許是哦，手上的布只花了幾百元，但做出一件穿在歐巴馬夫人蜜雪兒身上，參加就職典禮的華服，價格便可能高達百萬元？

這啟思讓我想起了許多小故事：

我手上有一本 Moleskine 公司平凡無奇的小黑筆記本，一百多年同樣的色調，同樣的尺寸，卻收服了王爾德、梵谷、海明威、畢卡索、馬蒂斯……成為專一的愛用者。

梵谷用它在巴黎閒旅期間手繪草圖，有的上色成為小幅作品，包括著名的「向日葵組畫」。梵谷至少畫了滿滿七本筆記本，現在都收藏在荷蘭的梵谷博物館；海明威在歐洲當戰地記者時，也使用這種筆記本記事，名作《旭日東昇》的手稿就是用它寫成。

「你屬於我，整個巴黎屬於我，我卻屬於手裡的鉛筆和筆記本。」這段名言指的就是 Moleskine 的小黑筆記本。

Moleskine 這家十九世紀成立公司是做什麼的？一百多年來只做筆記本，但目前有股票上市，每股二．三歐元，市值突破五億歐元（約新台幣一百七十八億元）——它證明了一件事，創意真的很值錢。

打勾勾的耐吉球鞋，打造了球鞋不只是球鞋的慣性，讓球鞋成了時尚品牌與流行的「潮經濟」，重點仍是創意，動用了腦力經濟。

破口在青少年市場，這一族群共同的特徵：熱愛運動，崇敬英雄人物，追星意識強烈，希望受人重視，並且充滿夢想。

耐吉因而設計了一系列的崇拜者，包括大名鼎鼎、受人喜愛的體育明星喬丹、C羅、德羅巴、小羅、托雷斯、法佈雷加斯、伊布、羅比尼奧、阿圭羅等等人，成功行銷了鞋子。喬丹鞋搖身一變，成了一種收藏，經濟產值大得驚人，但說穿了，它不過就是一雙鞋。

我家有一尊斷了手的德國娃娃，原物件購於德國，友人要我猜猜原價？我知道必有玄機：一萬吧？錯，答案是五萬，德國從十七世紀以來就非常尊重手工藝品，不像美國、日本是購物天堂，德國是著名的工業大國，工藝技術發達，他們相信，要做就做到最好，所以咕咕鐘、刀子、行李箱等等都很有口碑，而且價格不凡。

他們覺得複製品即使美輪美奐，依舊是「無腦」的複印，一開機就可以生產成千上萬個，但手作不是，也許幾個月才生產一尊，其中還有作者本身的創意；創意如若有價，人們就會更有創意，成為一套好的循環經濟。

收藏的紫砂壺也是這個道理，它的前身是泥，無論是朱泥、紫泥或者綠泥，單純的泥土未經琢雕，大約只是泥土的價格，不會太貴，但是經由工藝師的巧手，便成了壺，就有了身價，可以加倍販售。一般模子複製出來的壺，二、三百元可以買著，因為他賣的是泥巴，不是技術；紫砂一廠的工藝大師可以把它變成藝術，賣出上萬，周桂珠、蔣蓉與顧景舟等大師甚至堂皇進了拍賣場，惠孟臣則是天價。

書房：《讀書堂》桌上有那一盞帝凡尼彩繪玻璃燈，清晨天光未亮，就被我打開來照明我的電腦，陪我寫過百萬字，若是義大利進口的需要二十多萬，代工品即使精雕細琢，至多三萬，一般的可能只要三千。

每個小故事裡都是一套價格與價值蛻變，證明「腦」才是最值錢的東西，《三國演義》中有一段關於英雄的描述：「夫英雄者，胸懷大志，腹有謀，有包藏宇宙之機、吞吐天地之志者也。」

舉一知半與舉一反三的孩子，你會怎麼選？

課堂 14

# 快樂是最佳動能

日本心理學家做了一個研究，找了百位大富翁提問，有錢人唯一得不到的東西叫：快樂。

有錢不快樂？

以下這個故事也許可以解答：

富翁將辛苦攢來的首飾、珠寶、金錢裝入皮箱之中，帶著出門旅行。他許下一個願望，只要有人能幫他找到快樂，他就把財富送他。

第五天，他到了一個村莊，村民告訴他：「山中竹林裡有一位大師，可以幫你。」

富人見到了正在打坐的大師，苦候等他張開雙眼：「我想找到快樂，如果你能幫我，箱子裡的財富就全部奉獻。」

大師聽後沉默思忖，天色漸次變暗，大師突然起身搶走富人手中的箱子，任憑他追逐大喊，依舊消失在暮色中。

富人焦慮一夜，天光初亮時，大師回來提著箱子回來還他，然後再度躲了起來。

富人破涕為笑，直說：「謝天謝地！」

大師再度出現，笑咪咪問他：「覺得快樂嗎？」

富人說：「快樂，我真是快樂極了！」

——那是失而復得的喜悅，但人生有多少個人可以失而復得？

由傑克尼克遜與摩根費里曼主演的「一路玩到掛」這部電影，講述的應該也是這種哲理，告知我們失去了才懂得珍惜，重新找回美好人生。

傑克尼克遜飾演的億萬富翁，因錢忽略人生清單，在自己企業王國的錢海中，完全認真考慮自己的人生。

生病之後，他們才懂得：原來人生只是一張限期卡，如果錯過就不會再回來。兩位主角因而不管醫師的指示就擅自出院，一起踏上新的人生歷程，從印度泰姬瑪哈陵到東非坦尚尼亞大草原塞倫蓋提，從最高級的餐廳到最低層的刺青店，從超炫的骨董跑車到刺激的螺旋槳飛機，一項項完成自己的人生清單。

最後明白，「快樂比錢更重要這件事」。

其實這樣的哲理，孔子在《論語》上早早說過：「知之者不如好之者，好之者不如樂之者」。

請問：你快樂嗎？你希望孩子得到的是成就還是快樂？

成績優異的孩子成為一位著名的牙醫師，但一天忙到晚，早上九點前進到自己裝潢亮麗的牙科診所看了第一個病人，接續馬不停蹄、沒有一點空隙的門診時間，中午一點多結束早上最後一個病人，休息用餐，下午三點繼續門診；一路忙到晚上十二點，才沐浴更衣躺在柔軟的床上，隔日再診——如此周而復始，他說什麼都有，就是沒有時間，沒空陪家人，陪父母，陪自己。

我約他爬山，他立刻回絕，說自己只爬枕頭山，如果爬真的山，一定會一口氣上不來，掛了……他語氣很哀怨，有一天這個人會不會連用錢的力氣也沒有？

如果他是我們的孩子，能不心疼嗎？

經過激烈競逐得到博士學位，在一家大學任教的教授，學期初開放選課時便很憂心，因為每一次的選課，學生都不會超過三人，連課都快開不成，他必須用分數當誘因，於是有了營養老師的綽號，暗指只有分數營養，課上得真爛，他自己也知道，如果換成其他工作也許不至於這樣，因而不開心。他是我認識的一個人，但一直沒能幫止忙。

如果他是你的孩子，能不心煩嗎？

我問過十個在工作上有所成就的朋友，沒有得過「快樂」這個答案，他們忙在工作，累在工作，氣在工作，恨在工作，苦在工作，最後會不會死在工作……？如果如是，我們透過讀書、考試，找到的待遇優渥的工作，會不會等於找死？這樣的人生是喜劇或者悲劇？

美國作家比爾．利特爾說：「在生活中，不會永遠有特權去做自己高興的事，但我們有權從所做所為中，得到最大的樂趣。」

快樂真的不是配料，它是主要軸心，可是一路走來的人生，孩子的不快樂指數高達了七成；老師的指數也有七成二，媽媽更高是八成三，爸爸也好不到哪裡去。

請問，你開心嗎？你的兒女開心嗎？若是消失了，請問它去哪裡了？

如果沒有了開心，教育為的是什麼？

工作又為了什麼？

我們是一個人或一部機器？

# Part 2

# 11個值得反思的教育案例

# 前言

臨床十六年，有人要我自評心理醫療效果？

三十分吧。

心理治療一直有著蛋生雞與雞生蛋的恩怨情仇，似是而非，更像水泥與洋灰，一旦蓋成了房子，即使歪歪扭扭不好看也無法重建，水泥就是水泥變不回洋灰，這便是我在醫院裡、治療過程中、有如王寶釧寒窯十八年的經驗中，得出的苦果。

與其想著如何治療壓力形塑出來的「情緒勒索」，不如想方設法讓這件事別發生，這正是我在痛苦回憶、書寫這些由自己處理、童年經歷、友人說的經驗時的重要支點。希望以下這些常見且常犯的案例，能經由這一本書的閱讀，我們可以從中得到更深沈的反思，進而給孩子的不是噩夢，而是希望。

我從輔導中得知，父母犯的最大的一個錯是想讓檸檬與香蕉比，忘了它們各擅

勝場，無法相比。不酸便不叫檸檬，不香甜就不會是香蕉，也就出口不了日本。

檸檬以酸為優，香蕉則必須甜，怎會同？

這就是教育的「山海關」，難也不難，只要申請到一張小小的、有智識的通行證，懂得孩子的心路歷程，多讀幾本書，這些事兒應該就不會發生了。

第二部分有很多個案，在書寫的過程中我一度回想起來，淚眼婆娑，我猜想你應該也會看著看著掉下了淚。那就多準備幾張衛生紙吧。

案例 01

# 他是最後一名

我是村子裡的第一位大學生，高中畢業後演出「出村記」，進城去了台北木柵念大學，我的死黨坤則當了學徒，人生從此走在不同的旅程上，彷彿陽關道與獨木橋，過年過節才偶有機會碰上一面有了往來，至多也蜻蜓點水就各自忙去。

之後我畢業工作，成了一家雜誌社的總編輯，他自己則由學徒慢慢進位成了老闆，名片上掛名董事長。我短暫回到我的故鄉宜蘭，在民間慈善單位生命線出任專職主任，有一回辦活動，需要一筆龐大經費，必須民間募款，同事給我一份名單，我一一電約拜訪，其中一間打開門接待我的，竟是這個死黨坤。

中午，我們在一家日式料理店由他作東用餐，話匣子一開，往事跟著開封，他問我：「還記得我的綽號嗎？」我毫不猶豫便脫口而出：「最後一名」，講畢我們相視大笑，是的，我記得了，他就是那個長期霸占著最後一名不放的傢伙。

傷他最深的應該是「自尊」，他承認很長一段時間沒有自信，非常自卑，一直懷疑自己怎麼那麼笨，明明有讀就是沒有會，因而封閉了自己；他很謝謝我當年的仗義，現在輪到有了錢的他用仗義謝我，他早稱不上最後一名了，從他燦爛的表情，自信滿滿的言談，我大約已經知道答案了，當天還開了一張三十萬的支票讓我帶回。

推開日式料店的門，我們再度分道揚鑣，一路上我開始閃過最後一名的過往記憶，每一次考完試的場景永遠雷同，老師發完考卷，報出分數、編排名次，我第一名，他最後一名，我負責在老師惡狠狠的罵他一頓，寫了一張斗大的標示：「最後一名」之後，貼上他的背，我完全沒有光榮感，而是一臉對不起的羞愧，老師要求回到家才可以撕下，由我及同村的兩個同學充當間諜一路監視，十足的「東廠錦衣衛」。

他低著頭，不發一語排在路隊最前面，可以目標顯著的讓人看見「最後一名」四個大字，我們錦衣衛三名各據一角站在他前後，老師喊某某村出發，我們再一起齊步走，隊伍中慢慢有人竊竊私語討論起他的最後一名，他聽得眼眶泛著淚，快速前行，第一次月考他進了家門才敢撕下條子，放聲大哭，但一直是最後一名就有些煩人了。

「最後一名」早已是大家，或應該說是整個村子的人對他的印象，他的名字早被遺忘了、很多人都叫他：最後一名的。

「你…又最後一名！」

老師說話的音調開始愈來愈上揚，帶著怒氣、面露凶光，雙眼一直在他身上游移，接著突然大聲嘶吼開來：「你到底有沒有腦袋？誰把你生得這麼笨？」

考卷像飛鏢一樣射了出來，老師又使力地在一張二十五開，也許更大一些的白紙上，或者我該說愈來愈大一些，用彷彿全世界都該知道的粗獷筆跡，寫下朱紅大印般的四個大字：「最後一名」，是個無用的傢伙。

有一次，老師要他站在講台上大聲念三遍：「我是最後一名」，然後手一比，命他滾出教室，跟上路隊：「不可以脫隊，回家讓爸媽都看清楚了才能撕下來。」「某某某你好好看著他。」有人起哄編了一首「最後一名歌」，大家樂不可支的繞著他唱，我的正義感一度消失，繼續當我的錦衣衛。

直到有一次他受不了，暴走掄起了拳作勢打人，我的同理心才跑了出來，拉著他脫隊，從忠烈祠後方小徑轉進了三角洲，再從河流最淺處越過我家的麻竹園回去，我們在路上合力撕下最後一名，碎成紙屑扔進河中，再拾起石頭，忿恨地把它擊沈，水花四溢，紙張慢慢沈了下去，他猶如勝利的戰士，露出淺淺的得意一笑。

如果不是這一次，我也許也會跟別人一樣，忘了他的真名，認定他是最後一名吧，那一天見了面，慶幸發現這個魔咒沒有如影隨形、查扣著他的人生。

游老師的醍醐灌頂

## 適合孩子的路，才是康莊大道

- 安徒生——童話作家
- 貝爾——發明電話
- 邱吉爾——二次世界大戰時的英國首相
- 達文西——義大利文藝復興時代藝術大師
- 華德迪士尼——迪士尼樂園創辦人，創造了迪士尼卡通人物

・愛迪生——發明大王
・愛因斯坦——科學家，發明相對論
・亨利福特——汽車大王，福特汽車創辦人
・李光耀——前新加坡總理
・洛克菲勒——美國石油大王，億萬富翁
・湯姆克魯斯——美國好萊塢影星

這些我們耳熟能詳的人，但他們的另一面你可能不知道，就是——學習障礙，它除了使他們的人生裡多出一道牆，等待跨越之外，好像也沒有什麼問題，因為「用心」兩字克服了一切。

念過放牛班的叛逆小子馬祥原也是如是，不愛念書但是遇到好老師，激起他對汽車鈑金的熱愛與執著。

馬祥原為了國際競賽，在車子旁打地鋪苦練，用「沒有最好，只有更好」的堅持，奪得世界鈑金大賽冠軍。如今，他是奧迪汽車在中國唯一認可的培訓師，客戶遍及保時捷、林肯、瑪莎拉蒂等名牌車系，他輸在考試但贏在專業，失之東隅收之桑榆。

什麼是優秀？

做得好的。

成績嗎？

未必。

吳寶春麵包，李安的電影，就不是可以量化的，那是他們是自己喜歡的事，動能叫做「愛」，推著他們前進，愈做愈好；反而量化的學校成績他們全是黑壓壓，難登大堂。

興趣才是康莊大道，不是成績。

雨果在《海上勞工》一書中寫著：「一個有堅強意志的人，財產可以被掠奪，勇氣卻不會被剝奪。」雨果的意志與決心某種程度上就是動能，推進器就是樂在其中。

愛迪生是絕佳例子。

在學校不愛讀書的他，卻是個出色的發明家，而且據說做起研究便可以完全專心一意，不受影響，與上課完全不同，進到實驗工作中可以一耗十多小時，為什麼？

## 不愛讀書並不代表很不聰明！

二〇〇二年諾貝爾物理獎得主小柴昌俊所說：「我不是不會讀書，而是沒空念，因為有太多的疑問等我去證明。」

愛因斯坦被稱為學習障礙者，在校成績同樣乏善可陳，他只喜歡物理，這一點他的叔叔全理解，而替他關說，因為他深知愛因斯坦可以在物理領域闖出一片天。他的成績不及瑞士蘇黎世工業大學的錄取標準，但叔叔說服校長，而他也真的成為該校有史以來最傑出的校友。

愛因斯坦在物理的世界中一直努力不懈，靠的不是成績，而是喜歡與執著。

## 「成功者還需要一位懂得支持的成人。」

愛因斯坦的叔叔做了示範，提供最堅強的後盾，讓他們像魚在水中、鳥在青天般悠遊自在，我在想，與其一直煩惱孩子不會什麼，不如靜下心來想想他到底會的是什麼？

我很難想像，這些在功課上表現不佳的人，如果被逼迫後，成了成績優異的人，人生是好是壞？雕塑的羅丹與卡密兒真的可以成為學術的佼佼者嗎？

或者大師便不是大師，而是大獅了？

人生終歸一句「一定有一好沒有兩好」，專家不是什麼都會的人，萬一什麼都會了，可能是騙子吧，只會專門騙人家。

多元智慧的真正意思便是如是，指明每一個人的身上都有多重智慧，加總起來叫做智商，因此智慧是一種非常不可靠的東西，只表示總分高於別人。重點在於哪一個分項是你的真正金字塔，可以在那一方天地裡爬上了頂端。如果你相信PR值，那應該知道真正的PR值不會是總合，而是分科；喬丹最好的PR在籃球，我的最佳PR在寫作演說，馬祥原的PR是鈑金，陳嵐舒PR在米其林。

我們每一個人都是一個「人生登山客」，兄弟登山只能各自努力，才能一舉登頂上到我們的主峰。

各有一片天，才是真實的教育觀念，讀書好是之一，不是唯一，塞翁失馬焉知非福。

「最後一名」只是帳面上的數字，但努力、有恆、毅力、堅持、勇氣、奮鬥不懈等等帳面下的特質，足以使人翻身，真正的成功者，靠的都非學歷，而是靈活的思考力，試問，如果愛迪生天天在背植物有多少種？北極熊吃什麼？聖母峰多高？恐龍發現地有哪幾處？他還有空成為發明家嗎？

如果，愛因斯坦相信牛頓，崇拜牛頓，認為地心引力無誤，應該就不會有「相對論」了，甚或他不會是牛頓，也不會是著名的愛因斯坦。

雞首與馬尾是一則有趣的寓言，最後一名可能是馬尾，但調個方向也可能是雞首，不是嗎？改弦易轍、另起爐灶，也許陽光就在前方不遠處。

冶煉需要時間，干將莫邪等等名劍是這樣煉化的，起點與終點之間不是讀書求學的那幾年、聯考用分數計量的那幾次，或者你贏的、我輸了的那幾件事。

別小看人生了，它真的是幻化無窮的，而且只給準備好了的人。請不要再看分數了，把目光轉向如何鼓勵孩子該做什麼努力。

「考前要努力，考後別在意。」

「你的學校就是好學校。」

這是游式家訓裡的兩句格言，兒女告訴我受益良多，至少沒有因為考試傷了太多自尊，而且相信，只要是蜜蜂，就該知道花蜜在何處？

案例 02

# 不再第一名的高材生

二三十年前的往事依稀如昨，連那個人名字長相我都牢牢記住。「高材生」，是我的第一個病人。

但護理人員口中的「高材生」到底是什麼意思？一種取笑？或是他曾有過一段輝煌的歷史？我果真不專業，只好把病歷調過來仔細研究，還是看不出端倪，除了用藥的資料，什麼也沒寫。

第一眼見著他的印象，不是高材生，而是高大的人，近一百九十公分的身高，鶴立雞群，莫非這就是「高材生」？「高大」就是「高材」？

之後，臨床的師父要我查房，仔細端詳，發現他的確特別，斯文中帶著書卷氣，卻又憂憂傷傷的。他習慣安安靜靜蹲坐在病床旁的一角，仰著四十五度望天，口中發出喃喃的低吟。

他的嘴角常會牽動著，露出冷冷的笑，這大約是精神病人的常有症候，但他的笑著實多了一點滄桑，冷不防地插入我的胸口。

「笑什麼？」他總是不回答，逕自笑著。

靠他太近，他的防衛動作會自然湧現，讓人不寒而慄。也許是病了、或是藥物的副作用，他的手腳常抖個不停，樣子很怪，那俊俏的臉龐透著愁緒，眉頭深鎖。除了吃藥之外，他很少與人打交道。黃昏時分，醫療人員下班後，便是我與他的談心時刻。初時總被拒絕，我們之間的心防被五子棋打開，他功力不凡，護理人員全被他打敗。

我試探性地問他：「想下棋嗎？」他思索一會兒，點點頭，我們擺上棋譜，開始對坐廝殺起來。白子與黑子在方格線上攻防，你一子我一子的，分不出勝負，這一次我用餘光看見他偷偷笑了——不是冷笑，是一種真實的愉悅。「棋逢對手吧！」

那一夜，我們下了一盤快意的棋，有輸有贏，真的是棋逢對手。之後，他便常常找我下棋，護理長開始擔心：「你認識的醫護人員都被他打過，你不怕？」

我倒不知道這件事，聽後當然怕，可是不入虎穴，焉得虎子，如何是好？護理長提點了我：「他喜歡武俠小說與古典音樂，你看著辦吧。」

武俠小說，嗯，我喜歡，這不難；古典音樂不太懂，很難。我於是先引著他走進武俠世界，他的心防悄悄瓦解了，能夠有一搭沒一搭與我聊心事。

他愛讀武俠小說，而且讀了不少，一開口便聽得出是行家。

他喜歡周伯通，這個人藏了他的人生原型，希望自己大智若愚，他討厭處心積慮想當武林盟主的岳不群。武林盟主某種程度上太像第一名了，爭奪的世界裡他是殉道者。

他喜歡韋瓦第的《四季》，音樂流淌中，他打開心防，慢慢說出了他的生命史，他是一流高中的畢業生，第一志願考上醫學院，第一名有如探囊取物，但是考上醫學院之後，人生卻有了大變化——他不再是第一名，而是四十七名。怕血卻又要沾血的痛苦中讀完了醫學院，有醫生執照的他，本該是醫生的，卻受不了壓力，懷疑人生，成了病人。

我像偵探一樣查案，查得的故事是這樣的：

他出生在「第一名收集狂」的家庭，瘋狂地要求他什麼都要拿第一、成為風雲人物，而他也不辱使命地次次回回完成任務，小學到高中共十二年，沒有一次失手過，統統第一名。光榮的第一名也是害苦了他的元凶，順利上了醫學院之後最沮喪的事是——不再第一名！

一山多虎讓他失去光環，最後解不了壓，躲進了精神病院。

診療室裡，他多次信誓旦旦告訴我：「如果學音樂，就不會是病人了。」表示他早早看見自己的人生方向。是啊，如果不必非醫不讀，他會是個「好音樂家」！

我除了是他的醫療員之外，也是他心力交瘁的媽媽的守護者，我給出一根小小浮木，在診間裡如煙往事的說著他帶笑榮譽的成長，最後吐出長長的一口怨氣，如幽靈般飄盪在空中，帶上門離開我的診間，她都會懊悔：「人生可以重來嗎？」

重來？我懂她的意思，這是問句，但她希望重來換做肯定句。

我家鄰近一所國中，雜貨店有一段時間兼賣文具，送貨的是中年老闆，常常放下文具貨品後並未急著離開，坐了下來，與父親泡茶聊天談起自己的兒女，我聽見的多半是豐功偉業。有一回，他向父親說他兒女如何優秀，這一次月考考了第一名，而我剛入學，也考了月考，成績發了，註明的是三十八名。

下回再來時又說寫作比賽也得名了，全縣第一，演講比賽再得冠軍……，我一度以為他的女兒是神，任何事在她手上都變成了易如反掌。後來這些事大抵也忘了，上了大學返家的某一天，大嫂問我是否記得文具老闆？我說印象深刻，我偷偷替他取了綽號叫做：第一名先生，大嫂說：「對的，但他女兒瘋了！」

哎呀，誰害的？

「他們會痊癒嗎？」有人問我。

「不會，因為洋灰變成了水泥之後，很難再變回洋灰。」我斬釘截鐵回答。

覆水真的很難收，與其眾裡尋它千百度，千辛萬苦訪醫治療，不如放下那個不切實際的第一名魔咒，因為專家治不了「狀元噩夢」。

分數真沒有神力，它至多只是一組阿拉伯數字罷了！

游老師的醍醐灌頂

## 高成就vs高壓力

馬來西亞我來來去去，寫這本書時已往返二十三年，除了演講之外還聽了很多故事，大馬華裔神童的故事傳誦許久，十歲可寫英文詩，十三歲獲得美國加州理工學院入學許可，二十一歲取得博士，創下該校最年輕新生入學紀錄，畢業後從事研究工作。

一再跳級讓他開始懷疑人生，自比是機器，憂鬱症悄悄上門，最後選擇用跳樓結束三十一歲的短暫人生。

另外一個故事是，有位老師在會後問我，他班上的第一名這一年來出現了一些怪異現象，會在考前私下告訴坐在後面的同學，可以偷看他的答案，並傳給其他人知道，再更改答案，結果很多人的成績不理想，他則獨佔鰲頭，老師問我：他有問題嗎？

我答：「有，第一名使之人格出問題了。」

我們對人生的最大誤解一直是以為好成績會有好路，好路就是對路。

事實上未必，我的聯考分數的落點在牙醫，它應該是一般父母認定的好路，但保證不是我的對路，我因錯陽差進了心理系。

「好路」與「對路」很有可能是兩條路，好路也許是錯的路。

有一年我答應審查兒童劇的劇本獎，認識一位北藝大教授的同期評審，建中畢業後聯考考上台大機械系，卻自行轉學北藝大，最後與媽媽絕裂四年，留美當了教授後才補上了裂縫，媽媽後來很欣慰的告訴他：「你才是對的。」

當年若不是家庭革命，默默聽媽媽決定人生，他說可以預期頂多是一位痛苦且一事無成的電機工程師吧。

他語重心長告訴我，希望更多人能知道對路就會是好路。

他說只有對路才可以做得到宋朝大儒程顥說的：「一心誠意，擇善而固執之也。」

固執不等於頑固，而是走對的路，不怕苦地向前行。

蘋果與柑橘永遠不可能相提並論，橘子若是一心一意想當蘋果，就會緣木求魚，永遠差臨門一腳？即使裝得很像，回家卸了妝依舊叫橘子。

壓力的另一個面相叫做「高處不勝寒」，即使真的是蘋果，站在高山峰口上也未必人人可以耐得住寒；有時一個小小的風吹草動便會是壓倒一個人的最後一根稻草。

飾演包青天裡頭師爺角色的老牌電視明星范鴻軒是台大電機畢業，但一生樂當一位電視公務員，因為他根本不喜歡這個科系，工作時被機械切斷了手指，改行了反而悠遊自在。

人生真的沒有所謂的第一名，它是海市蜃樓的幻影術，真正的第一名就是自己。

文憑就是文憑，不是聚寶盆，好好用它是寶物，無法善用就是一張紙；寶貝或者紙，自己決定。

名校還是一間學校，二十年後你就知道它不過是畢業的地方，成就與它何干？努力才是王道，人生沒有保證班，因為夢想必須一直走才行，其中會有起承轉合，包括跌倒，記得爬起來了就行呀。

人生是單行道，別做後悔的事，生活不止錢，還要愜意、快活、自在……等等才算圓滿，只有錢，保證演不成人的。

我在萬里海邊撿拾流木認識了小陳，那時候他生病剛動過刀，決定放棄一切提早退休，掛在口中的那句話叫做「早知道」。人生難買的「早知道」，多半生了病才會大徹大悟，他憂傷地告訴我，一輩子只做了一件事就是工作，資管系畢業當了工程師，除了錢之外，什麼也沒得到。

三十年職涯生活常常只換來忙碌、疲憊與壓力。

小鎮牙醫小黃，據說聯考放榜當天，家裡還放了一串長長的鞭炮，因為他是村子裡有史以來第一個念醫科的。他背負著整座漁村的期望北上念書，六年一瞬，他成了白袍醫生，用心地替病人診治，連一點點私人的時間也無，直到有一天身體變差了，才驚然悔悟。

他賺了不少錢，卻失去了生活，失去了家人與愛，他根本不喜歡牙醫這個行業，睜眼從苦開始，睡覺由累結束。

在醫院當副院長的老友說他最怕進醫院，累呀，副院長只是頭銜，有錢沒命是好工作嗎？他的提問使我語塞。

這些人都沒得精神病，但生活質皆不佳，只因人生錯了。

很多事錯了可以後悔，職業這檔事，除非開悟，否則後悔莫及，再想想吧！條條道路真的都可以通羅馬，美國詩人佛洛斯特最著名的那首詩《未曾選擇的那條路》文中說：「在那黃樹林的岔道當口——而我，我選擇了人跡罕至的那條⋯⋯」。

崎嶇不平、曲曲折折的那一條，我想依舊可以百花盛開。

案例 03

# 誰是神童

書房的資料櫃中，收集關於資優生的剪報幾乎沒有喜劇，全數都是悲劇，包括我印記中，老師要我們多學習的天才同學，好像也以非喜劇收場。我在未修習心理專業之前，印象中的他確實天資聰穎，沒做什麼準備，但所有的榮耀依舊歸他。

月考的前一天，他依慣例踢足球，再揮著汗到圖書館取走書包，跟我們說拜拜，成績分數發下來，他仍都第一名。

他是神童？

我們與他一塊去踢足球，也去圖書館取回書包，嚷嚷好累哦，考試後再發成績單，他仍是第一名，我們統統去罰站。老師事後賞我們大板並且說資質有差。

平淡無奇的國高中生涯就這樣過去，他的考試一帆風順，毫無阻擋的考上自己理想的學校與科系，我們失去了聯絡。再一次相遇已有二十多年了，在一個春寒料峭，涼意逼人，天氣陰霾的夜。

換了新家裝潢結束，我陪太太去東區挑選傢俱，大包小包提了出來預備叫車回家，我眼尖在路口看見一個熟悉的臉孔，即使二十年沒見，多了一些滄桑，但模樣大致沒變，他就是我的天才同學，學校的風雲人物，我們跟不上的優秀傢伙。他的手上有一盒子，裡頭擺著亮燦燦的石頭向路人攬售，四目交接的剎那，兩個人都愣住了，過程只有一秒，我猜他認出了我，火速把頭別了過去。

我邊走邊想，確定是他，轉身去找時，他已消失在忠孝東路的暗巷中。

他不記得我了？

佯裝不認識？

真是他嗎？

我回到車上闔上眼，眼前馬上閃出了一堆如煙往事，我明白擺地攤不是見不得人的行業，但總與校園那個超級明星格格不入，功課很棒、台風一流，足球一流，口才便捷，喜歡與老師談些歪理，會是當下我看見的那個擺攤者嗎？

我與同學提過此事，有多人與我一樣，在不同的地方看見過他，確認無誤，就是他！

但是當年他是以第一志願之姿考上台大最好科系的啊，他沒留在本行或者其中出了什麼事？

我彷彿偵探一般慢慢拼湊這些年來的失落地圖。

聰明絕頂的他，自恃這項與眾不同的天分，在他人生的前十八年通行無阻，難逢敵手，以為只要一分力就可以擁有十分收穫，未費吹灰之力就考上台灣最高學府，事事都如探囊取物，如是一來他便更加有恃無恐了，完全忘了在這間學校裡臥虎藏龍，每一個人的人生方程式都與他相近，是上帝玉賜的天之嬌子，是可以在鄉下小鎮輕易用分數打敗人的東方不敗。

他在菁英圈中仍用早年的那一套路，以為真沒看書，人生照樣輝煌，據說他變得愛玩樂，喜歡跳舞，有人在學校聯誼遇過他，跟大學系友表明那是鄉下來的同學，沒有料到他對鄉下兩字很感冒，並且暴怒指責：「誰跟你是鄉下來的。」

他的舉動驚嚇了人，讓人不知所措，最難以置信的是有幾個錢的他，後來被引誘去賭博，愈陷愈深，以至於兩次二分一被退學，最後插班進一所他完全無法接受的大學勉強取得文憑。

以他的天分資質，跌倒再奮起，依舊會光亮明燦的，可惜退學一事使之自怨自艾失去了自信，人變得不切實際，天馬行空，喜歡自己創業，名片上印上招搖的董事長，除此之外好像一事無成。

除非是神，否則人總要一口飯，最後不得不下凡找一粒米，這就是我那天看見的他了，演出天才落入紅塵的悲苦劇。

之後，我斷斷續續聽過他的消息，大約都不是什麼好事！

大抵是賒欠或者借錢不還，或者到同學開的飯館白吃白喝一頓，早年的意氣風發幾乎消失殆盡。

再相遇是某一次同學會，傲氣散了，換成畏縮，他怯生生的坐在我的旁邊，完全沒提到忠孝東路偶遇的事，只是逕自聊起這些年我在電視上的風光事，問我怎麼辦到的，可以幫他什麼忙，他遞給我一張名片，頭銜還是董事長，乍看之下應該是一種先進科技的專利，問我要不要投資，我坐如針氈聽完，但不知後來怎麼結束的。

離開同學會的餐館，我坐上車子上了北宜高速公路返回台北，我沒有喝酒但一路上一直微醺，想著這座長城怎麼毀於烽火的？他是東方不敗？或者獨孤求敗？

游老師的醍醐灌頂

## 起起伏伏的人生，沒有人可以一路領先

「不要輸在起跑點上」彷彿一種信念，染了法術的魔咒一般，一點一滴滲入了很多人的心靈，以為起點就是終點，你還記得一百公尺的世界紀錄嗎？大約九秒七，但這紀錄只有一人，跑進十秒的也不會太多人，我跑十一秒多算是很快的了，但世界紀錄的保持人，並不是起跑最快的；馬拉松要跑四十二公里又一百九十五公尺，贏的關鍵不是速度而是配速，快慢適中，這項運動不管起點，但管終點。

如果還似懂非懂，龜兔賽跑的故事也許可收臨門一腳之功，速度快的兔子何以比不上悠哉遊哉的烏龜？

請想想。

天才的天字是何意？天生的是吧？指的是上帝給的，後天學不來。一般的凡夫俗子頂多叫做人才，如果是人，每個人都可以有不同的路而非同一條路，快行慢走皆宜，何苦各個急急如律令？

古羅馬哲學家塞涅卡說：「沒有某些發狂的勁兒，就不是天才。」天才？發狂？

莫非天才容易得病？根據教育心理專家的研究結果確實幾分像，天才與瘋狂的確就在一線之隔，理由是爬得愈高，跌得愈重。

請闔上眼想像一個畫面，小時候我們都玩過吹氣球，它們很少一吹就破，多半吹到它的臨界點，撐到最大的時候，再吹一口就應聲破了，不是嗎？

你再想一件事：

考九十九分仍挨罵的人與考六十七分不會被罵的人，誰活得開心？

為什麼？差一題？這個為什麼不會？這些疑問句其實不止是一句

話，還可能是一把刀，切割掉的是自信與永遠到不了終點，無法被人滿意的人，完美主義不等於終點完美。

老在意一分兩分的家庭會讓人形塑出斤斤計較的人格特質，這樣的人當了主管一定會是吹毛求疵的，我遇過這樣的主管，凌晨二點還來電討論出版版面的事，煩不煩人啊，他很累，我更累，煩得不得了。

有一天錄完電視節目，企製留我用餐，原以為談節目，但卻是談他自己的心理問題，乍現是一路順風的人生勝利組，北一女畢業，台大，留美，電視企製，但他說自己其實是人生白痴組。

手割破受傷，他想的不是如何用藥水第一時間處理，而是會想萬一感染，萬一破傷風，萬一死了……他明明知道這是庸人自擾，但卻又強迫這麼想。

他有「強迫症」，但這症狀是優異成績給的。

人生很長，何必急於一時。

太急了一定會壓縮，人生就會變成乏善可陳，活了三十九歲的天才音樂家莫扎特就是，常被國王招宮中獻藝，哪裡會自在？海明威是諾貝爾文學獎得主，也是憂鬱症患者，終至舉槍自殺；梵谷如是，躁鬱症發作時，割下自己的耳朵，還畫了下來，成為有名的自畫像，每每看到這幅畫，真的令人百味雜陳。

很多天才確實都像瘋子，成就不過曇花一現，但終生悽愴苦楚。

老子說：千里之行始於足下！

路就是這樣走出來了吧，而且慢慢走就會有路。

人生又不是一座懸崖，不需要撐竿跳的高手，何苦一直想練究那種一飛沖天的絕世武藝，忘了萬一跌下，可能粉身碎骨啊。

案例 04

# 你的孩子不是你的孩子

阿春姐是病房裡的老大姐，病情一直毫無起色，偶爾情緒上門，淒厲的吶喊穿過長廊，彷彿空谷跫音，不停迴繞，高低音不斷切換，有些毛骨悚懼：「兒子，還我兒子……」

這場二三十年的陳年案例早已曲終人散了，兒子死了，阿春姐瘋了，我卻一直記得。

故事的主角之一的阿春姐是一個單親媽媽，先生外遇離婚，一個人撫養兩個孩子長大，老大天資聰穎，會讀書的料，她一路拉拔，兒子也盡心賣力演出好學生，畢業留美，阿春要他只負責讀書，當個書呆子，錢的事她會想辦法，碩士後再攻讀博士學位，鵬程似錦，可惜即將學成取得學位之際，一通美國打來的電話毀了這個幻夢……

最後一通母子通聯是她拜完了山上的天公廟，靈驗的陳靖姑廟、普陀庵、淨光寺之後，走在村廟三山國王廟的路上，阿狗伯告訴她的，說她兒子來電告訴他正在完成論文，等口試結束便可取得博士學位就會緊快回國，要她放心。

哪知道再接到通知便是絕響，兒子過不了心理的坎，從學校的河一躍而下淪為波臣，結束了短短的二十六歲人生。

阿春的病床枕頭下一直藏有一封信我是知道的，但我不知道寫了什麼？護理長告訴我是「遺書」，她的兒子躍進河中之前寫好的，工工整整用一粒石頭壓住，寫著這些年來的悲苦記事。

他寫說自己不是一顆棋子。

人生不是一組棋盤，我們也不是黑白子，即使是，也希望那棋局是自己下的。他說，大人們從來不知道被人擺放來擺放去的痛苦，在別人看來的幸福也可能是不幸，而他就是這個不幸的人。

即使他是下棋的棋子，也希望自己是下棋的人，他告訴媽媽承擔的重要性，自己沒有她想的那麼脆弱，如果人生是他選的，他就挺得住風雨，但若不是他要的人生，也許只要風吹草動就足以使他致命。

信中還談到愛，他說愛不只是用說的，也不單單用做的，更不該換成一種要求，愛是一種無所為而為的作為，他說只要看著，不是一直伸手怕孩子跌跤。

最後他在遺書上寫道：「放我走吧，來生再見。」

他好想飛，用自己的方式單飛，但最後飛起來掉進的卻是河中，被找到時已是冰冷。

「你的夢我替你圓了，這些年我真的很辛苦，累了，很想睡個長長的覺……不要打擾我。」

那封用粉紅色的紙包著的信，護理長一度想把它偷出來藏起來，但是思來想去，即便我們取走它，似乎對病情痊癒也是無濟於事，也就不了了之了。

阿春在處理孩子的後事後沒多久，就因傷心過度而發瘋，住進了精神病院，我負責她的心理治療，事實上我知道這是不可能的任務，至多叫陪伴，聽她舒心，我次次回回併湊出了她與兒子的關係圖，把零零散散的碎布，連成一條大花布。

阿春發病的主因一部分來自於傷心，另一部分是知道錯了的懊悔心情。

九歲那年，兒子就用猛啃手指表現那些焦慮，早早預告出未來的不幸了，她應該阻止悲劇的，可是他愈是被逼成了成績優異，阿春便欲罷不能，望子成龍讓兒子成了名副其實的傀儡戲，生活軍事化管理，包括幾點回家、幾點吃飯、幾點洗澡、幾點讀書，完全照表操課；星期一至星期日都有課程，週一小提琴，週二英文，週三繪畫，週四作文，週五舞蹈，週六數學，週日理化，時間排得滿到連呼吸都算奢侈。

國中時，兒子在週記上寫著，自己是布袋戲偶。

最想做的事：玩。

游泳，玩泥巴，捉魚、山林中採果……什麼都好。

「不行！」

阿春記得這是她的唯一反應，她說自己沒讀書才過得這麼苦，兒子一定要讀好書，這一刻，她伸出手來，狠狠打了自己一個巴掌，她沒想過的是，原來讀書也這麼苦。

「生不如死？」是遺書中的其中一句話，阿春說她真的知道了，當一個人覺得死了比活著更快活的時候，人生肯定沒有意義，自殺便成了化解悲劇的選擇之一了。

只是我一直不明白，為什麼這種覺悟都非得等到後悔莫及才懂？

游老師的醍醐灌頂

## 此處不留爺，自有留爺處

紐約布魯克林展望公園附近有一家名為「賓Q（Bien Cuit）」的烘焙坊，店內販售法式麵包、英式司康、美式比司吉以及猶太貝果等等，工法道地講究好吃，深受喜好，成為排隊名店。

創辦人柴可瑞・葛爾培（Zachary Golper）年輕時在奧勒岡的農場工作，附近一間半夜開工的烘焙坊，傳出陣陣帶有酵母與果香的烘烤熱氣，喚起他的麵包魂，因而拜師學藝追求麵包手藝的極致，之後他花了兩年時間，遊歷了墨西哥、尼加拉瓜、智利，並在西雅圖、拉斯維加斯、費城等地的頂級飯店與法式餐廳，跟隨多位聞名遐邇的烘焙大師研習麵包技藝，完成一趟不可思議的麵包尋味之旅。

葛爾培這位名副其實的麵包大師經由一場拓展視野、吸納各國麵包文化的烘焙修行，走遍世界各地取經的尋味之旅，從中受到的啟蒙、各地特色麵包的優劣、食材配方與烘焙密技的破解…寫成一本書，說出一套套的實用金鑰匙，我讀完之後其實只得到兩個受用的字，就叫「用心」。

我們在文憑主義的框架綁綑之下，陷在「萬般皆下品，唯有讀書高」的泥淖裡真的太久了，完全忘了行行出狀，讀書考試的優秀，不過是其中一行，不是百業。

有人問我：會讀書有錯嗎？

這不是重點，而是喜歡讀書嗎？能把讀書化約為學問，成了自己可用的法寶？如果可以，讀書就是一座金字塔，而他會讀成一流，九流或者不入流者，即使是教授也未必是好教授，律師未必是好律師，醫師離好醫生還有好長一條路要走。

文憑不是人生的保證書，因為被驗證的不是那張示人的紙。別人眼中的你，不是哪裡畢業可以確定的，而是有無「真功夫」，還有為人處事的態度等等。

求學不過是一種歷程，彷彿登山一樣，不可能人人都上得了聖母峰，七十億的人口之中，有紀錄可考的登頂人數大約六千人，最近十年的死亡人數也有三百人，表示跨越巔峰的死亡代價著實驚人，對於一位優秀的登山家而言，比的不是學歷，而是體力、耐力與堅持的精神。

求學這件事真的不是要一個人非如何不可，爬不上高峰，轉個彎還是有風景，總不能我們爬不上聖母峰就覺得人生乏味吧！如同讀書考試一樣，就只是勝不勝而已。我無法勝高峰的挑戰，我還是可以是一位親山的人，不是登山家還是可以是秘境探險家，我爬的山沒有他們高，無法沾沾自喜過幾合百岳，但我爬的山一定比他們妙而有味。

真正的學習不是用學來炫耀，而是學得本事。

博士壽司店？確實怪，重點不是博士可不可以開壽司店，而是壽司要的是好吃這門本事，不是博士。如果讀書最後只成了噱頭，找不到更好的專業收入，才換了頭路，別人來買只是被博士吸引的嘗鮮，這工作也不會長久吧。

因為成績不佳跳樓的，跳水的，自殘的，上吊的，三四十年來仍見屢見不鮮，悲劇令人不勝唏噓。

考不了好分有那麼嚴重嗎？它不就是一次考試而已，東山再起不是表示人生有很多機會，不會可以學到會，但人死了可是無法復生的。

演講時常有人問我：不讀書能幹什麼？

可以做很多事啊。

李安、李國修、黃春明、魏德聖、吳宗憲、周杰倫、愛迪生、羅丹、羅斯福、卑斯麥、愛因斯坦等等都是不會讀書的人，但他們做得來自己感興趣的事。

案例
05
# 我只會讀書

「我只會讀書！」

這句話從一個經過多次聯考洗禮，從中勝出進到了一流學府的孩子口中說出，我的確震懾了一下，不斷反思。

「真的？假的？」

如是真的，理由呢？

而今我懂了，他真的只會讀書，因為人生需要的元素太多了，不只讀書一樣，用分數換來的，一點也不值錢。

林太乙在文章中憶起他的父親林語堂，高中畢業時告訴他不用讀大學了，因為太乙女士的實力比起他讀博士的父親一點都不遜色，他說父親把文憑形容成買賣，牛肉一斤七元，白菜一元，魚三元……買好了就換得文憑一張畢業。

林語堂的確是這說的：「讀書的所得，不能只靠作者，還要靠的是讀者自己的識見和閱歷。」意思是，文憑就是一樣東西，領取了只掛在牆上，它便是紙，當取來用而且好用，便是寶。

這個孩子的焦慮我真的懂了，他害怕的是他讀的書只得了一張紙，只有分數沒有能力，來醫院掛我門診時，我一點也看不出他讀名校大學的光芒，兩眼失了神。

我的學校歷程大抵與他相像，算是成績優異者，我也懷疑過分數比人家好就等於比別人聰明嗎？我的反覆辨證結果發現不是，求學的重點是「學」，學到什麼，不是學到分數。我對分數的多與少，老早就有很多懷疑，比方說：

橘子一斤七元買二分之一斤；柳丁一斤四元，買四分之三斤；金棗一斤五元買五分之四斤，共幾斤、幾元？

我就一直不懂為什麼有人這樣買水果，而不是幾粒就是幾粒，一斤就一斤？為了證明這是個蠢議題，我到水果攤子如法炮製，跟老闆二分之一斤，三分之二斤……老闆當場冒火，氣呼呼地拿出掃把，大罵著：「來鬧的嗎？」與我一起實驗的同學嚇得魂飛魄散，當場快閃。

為什麼有人上學要先往東走一百公尺，再往西……我與同學討論的結論是發神經。

相距四十公里的兩艘船，一艘時速四十公里，一艘八十公里，交會點在那裡？需時多久？有人會這樣開船嗎？

這些全是數學題目，而且最終我都能算對，但是這種題目算得精準，就真的很優異嗎？我的確不確定。

少年得志或者小時了了，真是聰明人的指標嗎？我也懷疑，比如曹植七步成詩，寫出「本是同根生，相煎何太急」，分明是悲劇，怎會是聰明？即使小時了了，但大未必佳有何了不得的？三歲就可以寫詩，但三十歲卻寫不出詩來，是好是壞？

玉山多高？

我的年代是三九九七公尺，加上于佑任的三公尺銅像變成四千高峰。

後來高度修正成三九六五公尺，現在是三九五二公尺，原因呢？

台灣一直處在地殼的隆動帶，加上測量的方式不同，高度一直有所變化；這讓我明白一事，這個世界並沒有真理，沒有正確答案。那麼我便不懂了，用「答對了」計算的分數有價值嗎？

至於成績，除了小學一年級的第一次考試得了一個三十八名，第二次考了第九名，之後很長一段時間，我的成績都保持在前三名，但是一到我家的果園，我便像個弱智者，什麼也不懂，根本不是優秀者？爸爸一直嫌棄我的笨手笨腳，到底是他看錯，還是老師弄錯？為什麼第一名沒有很厲害？

我不過是一個可以把老師出的題目弄懂答對的人而已，世界最深的海溝是？我答馬里亞納海溝，就是標準答案，但我並不知道海溝是由海洋板塊彼此碰撞，一個板塊俯衝至另一板塊的下方的匯聚型板塊邊界下形成的。沿北美大陸西海岸分布的聖安德烈斯斷層，則是在太平洋板塊和北美大陸板塊間形成的很具代表性的轉換型板塊邊界下形成的。

這樣說來，我答案該算對？或者錯？

小學中學的老師有時還會很費事的在考前做了複習，又劃了重點，還說某題會考，我很用心記下背下後答對，嚴格來說，我可能比其他人用功，但不是比他們聰明。

我會讀書，有的是分數，但是愈明白我愈是覺得它很不值錢，為什麼要為了區區一兩分，各個大人們全變得很猙獰，學生像一隻無助待宰的雞，等待分數這把利刃割喉，或如法官判刑，死刑、無期徒刑、有期徒刑七年等。

我的老師一直比我不了解陳小明的數學為什麼一下子四十一分，一下子可以進步到八十四分？因為他的分數由他家的農務多少決定——收成時要幫忙，沒有空複習就考差，農忙過後可以有空讀書，成績就好多了。

小俠家裡是賣麵的，凌晨兩點收攤，人手少、也請不起人，他都是放學後直接去麵攤報到，洗碗都來不及了，哪有空讀書？

小花家是務農的，農忙時放學就直接下田，幹完活都累癱了，回家就睡，哪有空複習？就考得很差，農閒時父親會告訴他去念書吧，父母忙得過來，成績就好。

他們沒有時間看書，我多花一點時間背下老師前一天劃下的重點，得了高分，我算贏嗎？

一九六九年七月二十一日，我小學畢業的那一年，阿姆斯壯的太陽神11號登陸月球，邁出了「人類的一大步」，成為了第一個離開地球、踏上其它星球：月球，的第一人，他和搭檔伯茲・艾德林在月球表面停留了兩個半小時。

可是那影像據說假的？他們真上去了嗎？有與嫦娥見過面了嗎？吳剛還在伐

木嗎？玉兔呢？如果他們都在，到底幾歲了？為什麼不會死，他們有長生不老藥？這些問題我一直迷惑，直到畢業。

游老師的醍醐灌頂

## 對的事，需要對的人

如果你問人想不想成功？說不想的一定是騙子，99%的人都想：我想成為最好的籃球員、最好的藝術家、工程師……，都說得頭頭是道。

但成功的關鍵是什麼？

第一名？成績？分數？名校？……其實你自己心知肚明，都不是的，但卻又被世俗牽著鼻子走，忘了尋找更重要的東西：包括真正熱愛的東西、了解自己的優缺點、為自己找到市場上的定位、懂得在別人面前表現自己與優質的工作態度等。

想要成功，必須誠實面對孩子的一切，有會的、有不會的，技不如人的略過，事半功倍的留下，這樣一來才能替他們一併留下熱情。

熱情是一種很迷人的東西，有如一部車子的汽油，有了它之後車子才能動，否則車子就只是車子，頂多是品牌上的差異。好車其實不是好貴的車，名車往往只是用來炫耀自己的身分，其他別無作用，合適自己的就是好的。

我並不認同「熟能生巧」，沒有「天分」這樣寶物，熟是很難生巧的，至多到會的層級便停下了，離巧很遠，想要不斷進步，必須放在對的位置上。

熱情這件事，最不知道的是我們當父母的。但孩子統統知道，我們只要不揮動手上的尚方寶劍，他們自然不會去做那些覺得無趣的東西。

有人告訴我：「如果人生可以用買的，他們最想買回失去的熱情。」這表示什麼？一旦熱情消失了，很有可能找不回來的。

成功的另一個魔法叫做態度，它是高度的元素，《態度萬歲》的作者查爾斯．史溫道爾（Charles Swindoll）說：「態度是學歷、經驗之外，人格特質的總和。」

在他眼中，人生確實有幾把金鑰匙？

學位是一把，但得了不會用就沒有什麼；經驗是一把，但要時間來烘焙才好用；態度是最重要的一把，常常被忘了。

前兩把不在自己手上，第三把金鑰匙的主控權在自己身上。

蘇國垚是嚴長壽的弟子，台北亞都飯店最年輕的總經理。關鍵不是學歷，而是態度，熱忱、快樂比成功重要，做事沒有身分與該做不該做，因而他樂於清理飯店的馬桶。

他有感而發的說：「心若改變，態度就會改變；態度改變，習慣就改變；習慣改變，人生就會改變。」

空有學歷、能力的優勢，如果缺了態度這把金鑰匙，經驗告訴我們，這些人肯定會在職場裡浮沉，甚至失業。

博士也是人，如果不告自己與磁磚、木工師傅是一模一樣的，如果沒有贏得口碑與信任，照樣不受歡迎，但要達到日本「達人」標準，不可以光說不練：

1. 勤於閱讀，從中吸收新知，會跟不會，要用閱讀打通任督二脈，他們相信富蘭克林的格言：「把知識放了腦袋，就誰也搶不走了。」

2. 不要相信一步就能登天，按部就班，一步一腳印，下足功夫，這種務實的人才會是贏家。

3. 人生一定有會的與不會的，如果孩子不喜歡自己的工作，便不可能做好它。做自己有興趣的事，才會全力以赴，有了專業之後，也許還會有創意。

早年我與作家鄭羽書在中廣的廣播節目與大連多年聯播，有一年應邀去跟聽眾演講，才發現我竟有這麼多聽眾，課後安排參觀，天津科大是其中一站，他們一個科系叫做玩具設計，系主任很自豪的告訴我，世界大型玩具工廠的玩具設計草圖都出自他們，他們的孩子曾畫出一張草圖得了三百萬美金，五年後該廠賺得大筆錢再回饋給學校五百萬美金，他說這叫「腦子的力量」，知識就是財富吧。

它們來自不斷的想，不是不斷的讀，他告訴學生：「不要相信真理，才是真正的真理。」

沒有真理？是我此行的最大收穫，沒有真理，可以一直尋找真理，世界變成了可變的。

愛因斯坦不相信牛頓說的是不變真理，所以才能提出相對論，哥白尼不相信地球是橢圓的，提出圓形論，船才會周而復始回到原點，因而有了哥倫布、達爾文的航程。

相信天外有天，人才不會自大，自覺渺小，才懂得謙卑，這是思考力的益處。

很多的發明來自想像，不是成績，很早的兒童故事裡，就有一個盒子中藏了一個人的橋段，那便是後來的電視機；愛迪生的「留聲機」來自於把聲音留了下來的想像，他的燈泡是用了一千七百多次的實證找著鎢的，證實了想像加上實驗等於發明；愛因斯坦的蟲洞理論，誰說一定是幻想，哪一天成功了，我們也許就可以自由穿梭在過去現在未來之間，時間等於空間。

教育不是教我們花了二三十年學會說不可能，而是透過思考、創意，把不可能變成可能，在二百年前，「飛」是不可能，但現在卻是愈飛愈快，音速、超音速、超超音速，甚至到了必須限速的程度了；孫悟空捻毛幻化的情節，以往是幻想，但複製人的成功告訴你那是真的，一根毛髮確實可以變出一個人。

科技的進步速度太快了，光會考試、讀書、有分數，肯定成不了事的。

案例 06

# 教授的自卑秘密

各自分飛那麼多年，再見面是在南部某大學的演講廳，結束後我正在收拾行李，有一個有些眼熟的教授笑臉迎人的與我打招呼，歲月真是惱人，年年歲歲花相似，但歲歲年年人不同，眼前的這個人，直到他報上大名，我才恍然大悟，原來是我的童年玩伴，失聯多年，再見面他已是動物系的教授了，與他山中野人的形像有幾分相近。

當日我更改行程，留下來陪他用餐，話匣子一開全是昔年往事，其中一件事是我不知，但他很在意的。

有好多年他不敢堂而皇之回老家了，或應該說是不想吧，怪不得我有一陣子過年回去就是碰不上面，原因是長久以來的偏見一直困擾著他——他小時候家裡窮，同學家中有玩具他都沒有，有時便順手牽羊帶走，卻都被逮個正著，多次之後「賊小孩」的綽號便不逕而走，取代了他的名字，父母們甚至明文規定不准與他交往，除了我之外，他便沒有幾個玩伴，成了孤單者。好幾次回到村落，車子都在斜坡處熄火，探頭張望，確定四下沒有熟人，再發動油門緩緩駛了上去，回到了老家。

有一次與土伯熱情打招呼，卻被冷冷「嗯」一聲就走人了，還有一次他聽見土伯不屑的告訴鄰居：「阿瑞在大學教書耶。」「教什麼？」「偷東西啦。」

小偷這句刺耳的話語深深刺進阿瑞的心坎，他說那個當下真的忍不住落下淚來，關上車門，飛也似地駛離了村落，返回台北。

我因而想起來了很多事……

「不可以跟阿瑞出去。」村子裡的確很多媽媽這樣叮嚀，阿瑞是村落裡公認的危險人物，怕自家孩子跟他在一起會學壞了。

最後只剩下我一個人有情有義，陪他打球釣魚，他也很夠意思，書包裡隨時藏有一包鹽，過大橋前會彎進附近菜園，隨手便摘了蕃茄、小黃瓜……分我一些，沾上粗鹽，邊走邊吃。現在想想，他是小偷的話，我好像也算一份。

老家附近有一口清澈的溫泉，旅舍是日據時代建的，據說主要的消費者是神風特攻隊，溫泉泡一次要價五毛錢，那是冬天裡村子中的福利，花點小錢就可以在寒流時泡在熱呼呼的池子裡。

溫泉旅舍旁有一條野徑，只要穿過籬笆，跳過冒泡的水溝，便可以直通溫泉澡堂，阿瑞熟悉這條秘道，點上蠟燭帶著我們摸黑前進，潛入澡池中洗免費的澡，有時不小心被老闆撞見，就得落荒而逃了。

這算小偷嗎？我不確定，可能就是頑皮吧，溫泉池的上方是一座小山丘，種了數百棵芭樂樹，每年夏季就果實纍纍。泡完溫泉，肚子餓了，順道「偷」摘來吃，夜裡有黑掩護，通常很安全；白天就危機四伏了，我們不知道主人在哪裡，剛摘下來，芭樂放進嘴裡，園主就悄悄掩至，拿起棒子追打，氣急敗壞狂罵：「死囝仔！」我們邊跑邊笑，當是一種遊戲。

茄苳林邊有幾座人工魚塭，一下竿，魚便上鉤了，阿瑞常常帶我非法闖入，正當釣得起勁時，主人到了，我們嚇得要逃，但被他阻止，要我們不用怕，以後想釣魚跟他說一聲就好了，之後我們常去找他，聽他說些小故事，他說他知道我們只是愛玩，但這種事很容易被當成小偷，要我們務必小心。

阿瑞應該把魚塭大叔的話聽進去了，考上大學後，比別人更加努力用功，再見面時，他已是生物酵素方面的專家，只是小偷這個印記這麼多年了，一直像被潑灑黑漆一樣仍未擦拭乾淨。

游老師的醍醐灌頂

## 看見孩子的向陽面

教育學上有一個很有名的理論叫「比馬龍定律」，意思是，你把孩子當成什麼樣的人，他就會成了什麼樣的人。

比馬龍出自希臘神話，指的是「精誠所至，金石為開」。他是塞浦路斯（Cyprus）的國王，熱愛雕刻藝術，他花了畢生的心血，雕成了一個少女像，命名為加拉蒂（Galatea），並視為夢中情人，日夜盼望雕像變成真人。他真摯的感情，感動了愛神阿芙達（Aphrodite），她把雕像賦以生命，石雕少女就化成真人，並且成為比馬龍的太太。

一九六六年美國教育心理學家應用它做一個「比馬龍效應」的實驗，研究人員先測試一批小學生的智商，再隨機抽出20%為實驗組，然後對教師聲稱這批實驗組學生是「資優兒童」。大約一年後，研究人員再為這些實驗組學生測試智商，發現平均增長率明顯高於其他學生。

為什麼會這樣？

原來是被欽點為「資優兒童」的學生，老師會加以特別照顧，得到更多的肯定、關懷、重視、鼓勵與愛護，因而增強了自尊和自信，刺激了學習動機，加快了成長速度。

這便是差異所在，也是我們的教育應該思考的。

同樣考了六十分，歐美的父母會對孩子說：「不錯嘛，已經會了六成，再剩下四成就簡單多了。」

我們的父母會說：「怎麼搞的，你沒把腦袋帶到學校嗎？」

或者：

「蠢爆了！」

「豬頭！」

「到底有沒有用心？」

「誰把你生得這麼笨？」

根據比馬龍定律，這些話會像一把利刃，刺痛孩子的心靈，得到自卑。

想讓孩子有更多的自信，應多說這樣的好話：

「你好棒！」

「好厲害！」

「真是不得了！」

「太神奇了！」

「你怎麼辦到的？」

「有你真好。」

「我就是做不來，你及時救了我。」

「真是好聽！」

「誰把你生得這麼好。」

闔上眼，想想看，你說過了什麼？

給了正能量或者負能量？

案例

07

# 多才多藝的優異家庭

家鄉九成以上都是務農的，或者做點小生意，真正的知識份子大約只有藥局的老闆，北醫藥學系畢業，他是村中的醫療顧問，幾乎大小事全由他包辦，他幫人讀信看信寫信，十足的人氣王。他家有二男二女，幾乎是村子中的模範，包攬了各個年級的第一名，還好我小他們幾個年級，否則可能只能看見車尾燈。

他家有一座小院子，可能是村子裡除了李老師之外，唯一有院子的人，而且大李老師家一倍。放學回家時，我常常會看見他帶著兒女溫習功課，朗朗的讀書聲在風中傳開頂唬人的。做完功課之後他們會下棋，各個琴棋書畫樣樣精通，比起我們家務農的，只會追趕跑跳玩泥巴的孩子們文明多了。

還好我的父親並不信這一套，只要我可以起身幫他掌燈、摸黑陪他一起採筍就心滿意足了。而我當小幫手的報酬是，他偶爾睜一隻閉一隻眼，讓我偷偷摸摸去溫泉邊的沼澤地釣青蛙，再騎上單車到宜蘭市區賣出一點錢來。

國中高中雖然玩樂比讀書多，但聯考前還是煞有介事的在員山國中打地鋪啃書，算是給列祖列宗有點交代。媽媽看我努力用功也會燉補雞湯慰勞，只是他可能不知道，我們讀累了，一個轉身就開始棒球比賽了，一打六局，時間用得精光，滿身汗，回家換好衣服，晚上再認真讀。

我的生活如禪，打球時打球，但讀書時還是讀書，便很順利考上宜蘭高中，之後考上了大學，藥局一家人的事便慢慢被我淡忘，再聽聞到他們家的消息時便是悲劇了。

首先是小姐姐，大約大我兩歲，她發瘋了⋯⋯

「各位同學，老師今天上的是第八課，你們要好好聽講，不懂的同學⋯⋯就推出去斬了⋯⋯」

據說她大學連續考了三次都沒考上，人就變了，常常一個人失神般帶了一本書，走進她的國中母校，站在台上開始一個人的講堂，同學不是嚇跑就是笑翻了。後來發現她沒有攻擊性，同學反而歡迎她來，給緊繃的學習氣氛添了一疊笑浪。

同學會與她對話，有人裝成聽不懂，她便很用心的一教再教，還問懂了沒？

另一個同學報告小姐姐：「老師，他都不好好聽妳上課，要不要把他推出去斬了。」

小姐姐憨笑著，嘴裡喃喃自語：「好吧，斬了算了。」

全班又是一陣捧腹大笑。

這個戲碼就此展開，學校也無可奈何，她有事沒事就逃離父母眼線，到學校執起教鞭，大哥哥再用力把她拉回家，天天捉放曹。

後來聽說為了改運，她父親把她嫁了，最後一次聽到的消息，自殺了。

如煙往事慢慢從腦海中飛散出來，我很努力回想我與他們間的關係，記憶最淡的是，他們家的孩子好像不常與我們一塊玩過，永遠是自家的六人世界，在自己買房子之前，藥局是租在我家的，四個孩子其實都有不同才華——大哥哥長我五六歲，我的印象極深，記憶中很有漫畫與電影方面的天分，他能把圖片一格格的畫入透明的黃紙上，再捲成一個膠捲，設計出一個放映盒，做完了就摸黑帶上我的日式小房間，我們把燈關上，他取出寶貝，後面放一盞燈，慢慢的捲出他的畫，投影在牆上；說實話我真佩服得五體投地，覺得他好厲害。這些東西後來他都不敢帶回去，託我保管一陣子。有一次，他說要帶回家修改，沒多久就出事了，被他父親罪證確鑿查獲，那個流動電影院便在眾目睽睽之下一把火燒毀了，後來他還有再畫嗎？我記憶模糊。

小姐姐我印象最深的便是讀書考試，他的爸爸陳叔叔人稱「博士仙」，一家人簡直是仙人，村子裡的人都盡豎起大姆指，博士仙非常嚴肅、不苟言笑，分析事理有條不紊，給人穩重的信任感。

他對子女同樣要求嚴格，希望博學多聞、多才多藝，該學的全學、不會的也要會。孩子們也沒有讓他失望，一直都是學校的風雲人物，談到子女的表現，他威嚴的臉上總會露出一抹淡淡的笑意。

這個家真的不開心，沒有一點童趣，從來沒有下過水，釣過魚，放過棍，捉過青蛙，他們是兄友弟恭的一家人。

修習心理學之後，終於懂得那便是病兆，琴棋書畫是壓力源，安安靜靜是壓抑，情緒沒有一點出口，之後連續性的造成一家人的「引爆」，小姐姐之後，小哥哥也瘋了，大姐姐逃到國外，大哥哥出家修行，這個家因為一張虛假的人皮面具，最後完全解體。

我還在一直思考，如果不是如此要求完美的父親，他們一輩子只要做一件事，大哥哥會不會就是李安？

這個疑惑我恐怕是不會有答案的了。

游老師的醍醐灌頂

## 孩子要的是陪伴，不是才藝

結束與兒子鬥牛的比賽，喘噓噓下場休息時，鄰居的孩子上前問我：「爸爸，你可以陪我打嗎？」爸爸？兒子不懷好意的看看我，露出詭譎的笑。「不要再叫爸爸我就陪你！」

為什麼叫我爸爸我是懂的，他希望有一個像我一樣會陪他打球的爸爸。

這一幕好像電視上的廣告一樣：「我希望自己是狗，因為這樣媽媽會更愛我。」

這些不用分說的事實正是我們教育的真實縮影，但這是我們要的嗎？

同一時間還看見了另外一幕：

河濱公園裡一位白髮皤皤的老人推著輪椅緩緩向前，傍晚時分，夕陽西落，正巧與老人頭頂上的金光斜角四十五度成了一直線，彷彿白髮投射出去的光芒，有味道極了。

當日劇雨剛過，天空有如淨過了塵一般，河濱公園的空氣格外清新，大地染上了青草的香氣，雨珠子還未完全乾去，地上依舊有些濕漉漉的。我騎上小白腳踏車出門，在風中的河堤公園悠閒浪行，時而停了下來休息，看看籃球場上三對三的鬥牛，網球場上的老爺爺教孫子揮擊打球，傳來了陣陣笑聲；河中岩石上一隻白鷺鷥探頭探腦的，準備偷襲不小心從身旁溜過的小魚兒，我的視線從山，河，移轉到兩位老人身上。

他們看似夫妻，實是母子，他們與擦身而過的熟人相互打招呼，寒喧幾句，我偷聽到有人問他：「每天都推著輪椅走上一兩小時，累不累？」

他微笑以對，輕輕搖頭：「不會啦，媽媽想透透氣我就陪陪她。」

這話說得多麼雲淡風清，卻字字動人，但無論如何，六十多歲與九十多歲都是老人吧！如果缺了愛，這輪椅哪推得動，日復一日的工作可能會是「折磨」吧，怎能多看一片風景？

我闔上眼靜靜猜想：

什麼因緣原由，可以讓一個人無怨悔的把親情當成重要的事，決定抽出餘暇片刻，卸下忙碌，什麼事都不做，陪著他們靜默度過一個黃昏時光。

我想起老派的父親，他時刻把父親當父親來演，我們一度沒有什麼交集，很不親近，他很不會表達愛，我也因而冷冰冰，不會表達關懷。直到考上心理系，習得了一些理論學派，明白某些處事模式藏著一種複刻的哲理，有模子似的，翻模便刻印出來了；父親一定像爺爺，用默默的方式伴著我們成長，父親一定努力過想改善關係，如同他的父親、我的爺爺可能努力過想改善這種淡薄關係一樣，但都徒勞無功。他們都沒有機會與我一樣北上讀書，無法從新式的原文課本裡，理解心理學家羅洛梅的《愛的心理學》，不知道如何把愛說出來，關心不要一直藏在心中……，他們不識字，也無法有朝一日從一本書中得到了啟發。

供子女讀書這件事對很多人而言也許不難，有錢人只要把手伸進了口袋就有了，學費只不過是某些有錢人的一根汗毛，但對父親來說不是，一斤四元的竹筍，五十斤也才二百元，四千元的學雜費用需要二十次的五十斤，還得於清晨四點、甘露未乾之際，提著油燈摸黑出門，在小黑蚊肆虐下，一根根彎身用力筍刀出鞘，起落之間揮汗採收；在天光未亮之際，起程宜蘭市集慢慢銷售出，終於積累出我離開偏僻家鄉，北上讀大學的費用。

讀書不只是求得財富、地位與成就而已，而是要更「懂事」。我們之間的溝通困局，不該由像水泥一樣固執的他主導，我至少比父親更有能力勝任解決，因為我用了他辛苦賺來的錢，取得的學問，理應反芻成我們之間的美麗橋樑，點一盞亮彩的燈；如果給我讀書不過只是複製傳襲父親的行為模式，牢牢鑲嵌偏見，沒有用心把冷淡消融成熱情，那麼他的辛苦賣命供我讀書，有何價值？

父親的確一直都不太會表達他有多麼愛我，多麼在意我，多麼想念遠方求學的我，但用他的陳年往事表述我們之間的交集，這些事藏著的密語，直到我受了心理學訓練才懂，慢慢好派上用場，把耳朵扭轉到「聽」

的模式，隔閡因而悄悄消融。五塊錢離家闖蕩，如何看出一座山的某處有多少收成、多少利潤的故事，大約各說了五十遍了。

我的「聽」同時讓他開心了，因而懂得關心。我們之間就如同水與麵粉之間，起了化學變化，關係由稀疏不黏稠，經過了修正，慢慢黏稠有了溫度，他那嚴肅的臉上開始綻放出笑容。

父親問我什麼時候會再回家，又講：「學校的菜有好嗎？錢夠用嗎？」

這些尋常話語逼出了我的淚涔涔，它是小事，但以往是不會從他口中飄出來的，不可能在我離家返校前，伸進口袋掏出十塊錢要我拿去用。我懂他之後，他也試著懂我。

很久之後我才由家人口中知道，每每一腳蹬上公車，出發宜蘭火車站返校的瞬那，他都隱身竹筍園中老淚縱橫相送。是啊，美好時光老是短促啊。

大約四年後，父親便走完一生，泛著淚送他最後一程後，最後只能一次一次用放映的形式，想著這個淺淺綻放的曇花一現的記憶。

這樣的憾事我不想重蹈覆轍，親情漸次躍居第一位。節目錄音結束，我邀兒子單車挑戰貓空山區，從動物園附近一條斜度四十度的野徑賣力爬升，揮汗單騎，適時停下，喝水聊天，微風拂面，倒很愜意。

兒子頑皮逗我：「很黏我哦！」

可能是吧，我可能想補足我的爸爸沒有黏我的遺憾，並且把歌德的格言當成座右銘號：「不要只依自己的觀念與期待去塑造孩子，而是要用愛，任由他們自由發展。」

教育如果是選擇題，用勾選的，我要選美好動人的親情。

案例

08

# 以讀○○學校為榮？

「教育聽我的！」

朋友嚇了一跳。

我馬上補了一句：「買車聽你的。」

那是一個微雨的清晨，我們相約打球，球場上盡興的對陣廝殺，但下場後他就悶悶不樂，問我他的兒子要不要再念研究所？說這個社會沒有碩士很難生存等等，我差一點爆粗口說：你懂什麼？

開頭那句「教育聽我的」便是這樣來的。

「你書念得好嗎？」

他搖搖頭。

「你目前家財萬貫是怎麼賺的？」

「靠專業！」

「你兒子愛讀書嗎？」

這一題太難，他噤聲不語，我告知不喜歡與不快樂的學習叫做噩夢，為了一種叫做「分數」的東西，忙了二、三十年，彷彿把孩子送入火坑混時間，而且學不到東西。

是的，沒有實力時，學歷是可以唬人的，但有了能力，沒有人理你的學歷，是嗎？

我請他回憶，自己經營了一間強調業績的公司，是如何取才的？學分或成效？評量靠什麼？他的答案是：黑貓白貓，能捉到老鼠就是好貓。我提醒他，這是他在球場講過一百次的話。

我再問他，會選做出業績的人當經理人？還是會讓公司關掉的？經營管理才華出眾，把公司打理得蒸蒸日上的人，依他公司的經驗是高學歷者嗎？我最後問他：「你是公司的董事長，你念名校嗎？」

「你的公司上回與我一起吃飯的陳總，世新畢業的，這間是名校嗎？他是碩士嗎？你是因為他很會讀書，才提拔他當 CEO 的嗎？」

連環提問確實令他有些招架不住，點點頭謝謝我的提醒。

「萬般皆下品，唯有讀書高」，身處其境時就是會忘了事實上並非如此，我常聽一些父母埋怨：「我住的城市社會資源不夠！」這種說法怎麼聽起來就像孩子的世界要靠別人，彷彿住在一處社會資源豐富的地方，人生方可盡情揮灑，沒有豐饒礦場就是死路一條？

可以左右人生船舵的人只有自己。

美國有項研究指出，出色有才華，未來的佼佼者，多半來自天地寬闊、沒有什麼物質資源的鄉野，不是從小錦衣玉食、讀雙語學校的天之嬌子。這點值得反思？

「以讀什麼學校為榮？」

這是謊言，優秀者應該是學校以他為榮才是。

董事長是苗栗鄉下長大的孩子，老家門前有條河，他告訴過我，他常常乘著竹筏嬉遊其中，這是件美好的童年往事，藏了很多學問。我想他應該有過逆水行舟與順流而下的經驗，事實也是如此，他說順水而下只要二十分鐘的行程，逆流而上就得超過兩小時，這其間有著一小時又四十分鐘的差異，我刻意點出時間的不同，他頓時便能理會了。

人生最簡單的其實是讀書考試與學歷，它不過是一張畢業的紙，心理學家華生就說：「你給我一打孩子，我可以依你的訂做，製作出你所有想要的角色」。但，這是你要的孩子嗎？華生暗諷的是，這樣教出來的孩子即使有所成就，也不過是一部好用的機器罷了。教孩子成為科學家，在心理學家的眼中並非難事，難的是這位科學家真的喜歡科學嗎？或者只是一位強顏歡笑的優秀者？

我用俄國作家屠格涅夫的名言提醒他：「生活中沒有理想的人，真的是可憐的人。」

「理想」一詞，最簡單的說法就是：做他喜歡的工作。

最後我請朋友想想，希望孩子未來的工作是樂在其中，還是忙得要命？懂了這一點，很多問題就可以迎刃而解了。

游老師的醍醐灌頂

## 陪孩子圓一個夢

學歷的意義是什麼？

我的理解是：學習的經歷。

想學到什麼？

智慧。

智慧又是什麼？

是「學到了什麼」，還是「學到了怎麼去學」？

前者會得到文憑，後者則得到了怎麼來使用文憑。

學習一上線便是二十多年，為了分數取得的文憑，一路由小學讀到碩博士，確實是辛苦的悲劇。如果沒有因為學習而有了更好的創意與思考，與未學習者有何差異？

父親種植竹筍，因為沒有學習行銷觀念，只能載往七公里外的市區，用一斤四元的代價售出。如果他上過網路行銷課，也許可以用一斤三十元宅配網購，不用風吹雨淋、千里迢迢載運，這便是學習的意義。

**學歷是夢想的過程，不是結果。**有人可以用它圓夢，有人不用，而是用人生閱歷織的夢，比方：被譽為「台灣國寶」的吳宗霖就是技術的圓夢人，隱居在新北市烏來，創立銅鑼銅雕藝術工作室「留仙居」，與烏來南勢溪隔岸相望。

「謙夏荷銅」是吳宗霖最滿意的創作之一，他把扁平的銅鑼賦予不同的生命力，運用手作敲打的方式，製作成姿態搖曳的荷花、荷葉和蜻蜓等大型裝置藝術，為大廳空間創造無限生命力的靈魂。

從事製銅藝術三十五年，製作超過六千多片銅鑼，並融合調音技術的他，完成一套「國際標準音」的音階鑼，讓不同的鑼可敲出不同的聲響、音階，甚至敲出樂曲，命名為「福爾摩沙之音」。

傳統戲曲用的樂器銅鑼，在他的衍義之下帶入音樂與藝術，帶入心靈，敲出的音律可以如雷聲、雨聲、風聲、海潮聲，具有靜心的作用。

無論是傳統或創新，他就是想讓銅雕藝術甚至走入家庭客廳，相當古樸有韻味。

他堅持「一輩子只能做好一件事」，做到好就是最好。

米其林女食神陳嵐舒，以第一志願考上台大外文系法語組畢業，但她沒有以此為業，反而利用法語的基礎，隻身前往巴黎的藍帶國際廚藝餐旅學院（Le Cordon Bleu）學習她最愛的烹飪，本來只想在甜點中耕耘，卻因為實習時受到啟發，決定轉進料理，並以第一名成績從法國斐杭迪高等廚藝學校（ESCF-Ferrandi）畢業，她擅長巧妙運用在地食材結合法式烹調，設計獨樹一幟的菜單擄獲外國老饕的心。

做菜藏有哲理：「它是藝術品！」

廚師的責任就是一心一意把它做到美。

設計家吳季剛的求學經驗並不順遂，他不是名列前茅的資優生，讀的是美國帕森設計學院，不是我們一般人熟悉的哈佛或者史丹佛，但卻因為設計美國第一夫人蜜雪兒．歐巴馬的就職晚禮服，而聲名大噪。童年的他是個愛畫畫、愛玩娃娃的男孩，無法見容於台灣的教育環境，母親只好將他送往加拿大。紐約創業之初，沒有人認識 Jason Wu，也沒有自己的直營店，作品只能在百貨公司的自營櫃和精品店販售，但這些挫折都沒有打敗他。

吳季剛認為自己的成功特質是：好奇心、永不放棄的毅力、追求完美，做自己最擅長的事，因為真的了解自己的是自己。

他的名言是，在沒有成功之前，永遠不要放棄。

以上三個人的學歷各有不同，有名校的，也有不是名校的，但都不是依靠學歷把人生演好的，而是自己的態度，一種堅持，非到不可的信念，相信只要專業，做好它就可以統治自己的武林。

案例 09

# 沒有問題兒童，只有問題大人

老師、主任、校長一起抿著嘴偷笑，我沒查覺有異，他們只告訴我：「老師，演講後如果掌聲如雷會有小禮物。」

禮物？

那一天是十二月五日，隔日我生日，莫非他們打探到了這個消息，準備了一個迷炫的生日蛋糕？事實上，一上場我便忘了他們剛剛的允諾，用如常的方式、生動的例子、切合的比方，把演講說完，留下二十分鐘提問，之後好戲登場——

一身畢挺軍服，帶了一束花緩緩走上講台，在我面前一步停下的那個人，告訴我他是誰，熟悉的名字讓我立刻想了起來，是我在醫院中治療過的孩子，與我有聯絡多年後失聯，再見面已是這個學校的總教官，他緊緊抱著我，一直說謝謝，而淚早已流了滿面。

媽媽陪他來我診室的那一天，微風細雨，山上很冷。他預約三號，焦慮的搓著手掌心坐定，媽媽定論他有自閉症與注意力不集中等等疾病，口吻彷彿她是心理醫生，早已確診了，而我應該只是個畫押者。

「誰說的？」我的話有如一種震懾，直搗黃龍。

媽媽本能嚇了一跳，怯生生的說：「老師說的，要我們來做診斷！」

「不像。我是專家請聽我的。」我鐵口直斷。

當時我來到精神病院服務不過第一年，看過的病人屈指可數，在此之前我的總醫生師父才告訴過我：「很不專業，要努力點」，我因而氣了十天，不想理我師父，心想：「去你的。」

忠言逆耳這件事對我來說並不是什麼大傷害，之後我便完全明白自己的能力有多麼不足，買下不同版本的《變態心理學》專論來閱讀，希望有一天被師父肯定成為專業者。

努力是有代價的，這些書像極了紙上診所，重複用個案教學，研究了解病的發生、來龍去脈，我一眼便看出這個孩子只是太聰明與學習太無聊吧。

為了證明，我替他做了智力測驗，結果與柯文哲的 157 相同，屬於高智商者。雖說我修習心理學以來，就不相信這一套關於智力的數字理論，但這麼高的數字至少表示不笨。

測驗觀察亦沒有發現他有專注力的問題，以及類似《雨人》電影的自閉傾向，算是正常者。我發現他的分心來自聰明，同齡孩子學的科目他很快便都會，真是無聊。老師上課他便頑皮作弄人，把紙張折成紙條，繫在橡皮筋射人，包括射了老師，就這樣常常被請出教室，成了不受歡迎的人物，最後像岳飛一樣被汙名了，下了十二道金牌，要求家人帶去就診。

我是他的平反者，他像二二八的受害人，我像包青天，一槌定音告訴媽媽：沒有問題！我同時發現他的語言天分，寫了一份報告給老師，要他同意一段時間讓他離開教室去學西班牙語，當時可能是先例吧，我們合作演出一段不可能的任務。我所安排的八次治療他都來了，當時其實更像聊天，我鼓勵他多學幾種語言，不要浪費才華。

之後，他用一般人的身分來過醫院找我幾回，便斷了線，再見面已是三十多歲的漢子了。後來孩子發現自己對航空有興趣，放棄讀普通高中，改讀空軍幼校，由於語言方面的專才，很快就被提報為幼苗子到美國受訓，成為一名合格的飛官。媽媽後來生病，他為了就近照顧，申請轉任教官，便是我當日看見英挺的他了。

他重複說了三次自己太幸運了，如果不是遇上我，肯定被誤診，也許會吃藥，成了受害者。那一天他出現了，間接證明一件事，只有問題的大人，沒有問題的小孩。

法國的心理學家絕對不診斷一種病，叫做「過動兒」。他們認為動是孩子的天性，會動的小孩才是動物，不動的是植物，完全沒有知覺的則是礦物了。

超開心的一天，讓我再度遇上我的病人小孩，用陽光亮彩的方式再度與我見面，他不僅沒有問題，而且表現非常優異！

葉芝相信：「教育不是注滿一桶水，而且點燃一把火。」是吧，我只是在點火而已。

游老師的醍醐灌頂

## 專注力的前世今生

我為什麼一直不主張孩子去看心智科？

台北可能還好，坐坐捷運就可到台北醫院了，萬一是澎湖離島不就慘了，老師一句話，家長就得十萬火急尋訪名醫……

真有事嗎？

百分之九十九是胡說的，多半是大人的不專業或者被成績分數綁架了。以為成績不好，便是智慧有了問題，或者行為出了問題，直接歸因的便是注意力的問題了，但孩子何其無助？

十六年的臨床經驗，讓我對看診一事心存芥蒂，因為我完全知道用藥的後遺症，會把原先問題多半不大的孩子捅出了大漏子，人生因而有了大缺口。

「病名」是一個人不可承受之重，你懂嗎？

無論你用的是精神分裂、憂鬱症、躁鬱症、自閉症、過動兒、注意力缺乏症，或者亞斯伯格，多半脫離不了用「學習」兩字做出的結果判斷，但忽略了一旦孩子被論述為病，標籤便一併被貼上了，想撕了下來就難上加難了，那便是他的人生噩夢了。

心智疾病的宣判宜小心謹慎，否則便是大害，任何一個大人的起心動念絕不可以有一絲絲的成績考量。病就是病，有其嚴格的標準程式，注意力不集中過動症便是俗稱的過動兒，它是一個與腦神經發育相關的心理疾患，也是一個與腦神經相關的疾病，特徵是「坐不住，容易分心，難以專注」、「過度的活動」或「難以控制自身的言行舉止」，很明確的腦神經元的問題，不可以用畫靶射箭的心態，把這種不符合年齡成熟度的病，硬生生的與學習成果框綁在一起，這樣會像緊箍咒般讓人窒息，難以翻身。

問題多半來自大人們的不切實際要求，孩子不過是一張白紙，成長又是人人不同，興趣與品味不同，他完全可以因為歲月的淘洗，最後站在同一條線上，到時候也許便統統正常了。

你可知醫生大筆一揮給出的處方是什麼嗎？應該是藥。

醫生不是教育家，開藥是他的專業，但這些藥有很強的副作用，通常會昏／沈／呆／笨……像一棵植物。

我在看診時習慣反問：你覺得孩子真的注意不集中嗎？有時不會！看卡通時都目不轉睛、非常集中，如是說來孩子的專注力應該沒有問題。

我們之間來回多次的妙問妙答，澄清一些事實，注意力不集中症是神經元的問題，不可能一下子集中、一下子不會，真實的理由也許是以下三個條件：

1.成長因素。比方年紀，一般來說年紀愈大，注意力的長度可以愈長，學齡前一般就是幾分鐘，中低年級大約十五分鐘，高年級可達半小時，不可能如老僧一樣，一坐下來便入定了。

2.喜歡與否？有藝術天分的孩子對這一類的課程就會有興趣，上課較專注，甚至能作畫一小時；反之不喜歡或者聽不懂就是災難了，坐如針氈。

3.關鍵在大人。我兒子有一句名言：「會的話我還要上學嗎？就是不會才要花錢來學呀？」這就是上學的意義，如果不懂這層定義的，一定不是好老師，照本宣科，沒有魅力，冷冰冰，沒有好聽的故事……如何能吸引小朋友？

芬蘭老師不把學習變成評量，即使有評量也非是做為智愚標準，而是作為自己教學的參考，孩子不專注、聽不懂……芬蘭老師會自省是否自己的教法有問題，借此修正教學。

具有「同理心」的人格特質，才有可能把孩子慢慢吸引進入學習的殿堂吧，肯定會是好老師。

嗯。

如果不是先天腦部發育的問題，注意力的前世一定都叫做不集中，經由時間調理之後的今生就會很集中了。

案例 10

# 媽，我真的是你生的嗎？

村子裡的家暴陰影，在我腦海中殘存很久，直到念了大學，靠著修習來的心理治療才慢慢淡去。

天剛破亮，淒厲的慘叫破空而出，一道黑影從薄暮中竄了出來，鑽往竹林，邊跑邊哭，腳上插了一把火鉫，血一滴滴濺在泥土上。

小李媽媽的家暴數也數不清，火烙、滾水燙、皮鞭打都是常事，但這一回最血腥，把兒子當成飛禽走獸，一把飛射出暗器。小李媽媽的悍，在村子裡是出了名的，名言一籮筐：「看我怎麼凌遲你」、「讓你嘗嘗剝皮的感覺」、「小心我讓你沒腳」、「改天剁你的心肝來吃」……一句比一句恐怖。

小李是我們棒球隊的一員，但打完球後，沒有人敢去他家，怕被他媽媽剁了心肝來吃，我們都怕她，也不太敢從小李家門口經過。有一段時間，他媽媽開始練射小李飛刀，常一不小心丟了出來，路人被她射傷多回。

「誰把你生得這麼壞？」

他的媽媽時不時就指著他的鼻子大罵，而小李總是低著頭，笑罵由她。他應該有疑惑吧，這是生他的媽媽嗎？他不止一次問我：為什麼被生出來時，不可以自己先決定？我哪裡明白，只有默然聽他訴苦。他覺得小孩子最可憐，什麼都要聽大人的，但大人未必都對，到底聽還是不聽？我依舊無解，仍是聽著。他又說，可不可以再塞回媽媽肚子裡？他說不想姓李，姓豬、姓狗、姓貓、姓花都強多了。

鄰居再也看不下去了，隔壁的阿琴嬸終於講了公道話：「妳生的啦，還有誰生的，除非妳是偷生的。」

這話可惹毛了她，翻出白眼，恨恨地甩上大門。

「趕快去找小孩。」大叔想起了被媽媽射中的小李，兵分多路去竹筍園尋找，沒多久，就發現了滿臉驚慌、抽搐顫抖的的小李。

「真是殘忍。」大人們忍不住搖頭。

「還愣著幹嘛？快送醫院呀。」大叔一把抱起了小李，放在腳踏車上，載往橋另一頭的軍醫院。

「怎麼受傷的？」醫生一邊專注處理傷口，一邊盤問發生經過，但無人回答，小李也沒作聲，也許是不知道怎麼回答吧。這種事情發生太多次，多到他不知該說哪一次、為了什麼原由、有什麼大錯等。

處理好傷口，小李一滴眼淚也沒掉，這才令人心疼。醫生囑他要常換藥，他點點頭，大叔便送他回家了。

傷口會慢慢復原，可是心呢？何時才能痊癒？

我和小李經常結伴釣魚，有一回我們走了約莫四十分鐘，越過一座小山丘，沿途聊著，才知他怕極媽媽了。他常常夢見自己的媽媽帶著一把刀，在他頭部劃上一記，血流如注，把他嚇醒了，全身冒冷汗。

他不太敢跟媽媽說話，因為不知道什麼是對、什麼是錯，媽媽喜怒無常，隨時都可以發火。釣魚換餌時他長吐了一口氣，語氣有點酸：

「我懷疑我不是我媽生的……」

小李的想法並不稀奇，很多孩子都這樣懷疑過，一旦挨打，就覺得自己不是爸媽生的，總以為虐待人的一定是後母或養母。小李此刻也有了同樣的感傷，他不相信自己的媽媽會這樣打小孩，出手這麼重。

他拉起衣服，露出一個又一個傷疤，清楚說出哪處傷口是用什麼樣的唐門暗器弄傷的，哪處傷口又是為了什麼被打傷的。最大塊的那一處看來有些嘔心，皮黏在一起壞死了，那是用滾燙的熱水澆淋的。

光聽他說，我便渾身起了雞皮疙瘩，我真的相信：「他肯定不是他媽生的。」

小李常常噩夢連連，覺得自己有恐慌症，那時年紀小，也不知是真是假？後來他們搬了家沒有再聯絡，每每想起他，同時會想到他的恐慌症好了嗎？但想到他的夜夜磨刀的媽媽，換我有恐慌症了？

游老師的醍醐灌頂

## 處罰只是棒子，鼓勵才是一盞燈

郵局擠滿了人，好不容易輪到老先生，年輕人排在後面，再下一位就是我了。老先生要辦的存匯比較複雜，需要證件，他連一只印章都找了半天，年輕人開始對他的慢吞吞顯露出不耐煩了，咆哮說：「快一點啦，很多人在等你。」

老人嚇著了反而更慢，他不是幫忙而是責怪。我實在無法隱忍了，上前告訴老先生說：「我來。」

很快辦妥手續後，老人一直握著我的手說謝謝，之後緩步離開，我回頭輕輕的告訴年輕人：「他不可能再快了。」

無同理心之人是一開始就這麼渾蛋嗎？或者有人教了他？答案不用我說，應該呼之欲出——他的父母是否用過同樣的方式尖叫嘶吼？

向我控訴「兒子用暴怒狂叫的方式指責我」的母親，我向她求證得到的答案是：媽媽也是暴力份子，她用身教扭曲了孩子的人格。

為什麼要處罰？

一來是成人不懂得解壓的方法，把怒氣轉到了兒女身上了，大人得花時間學會自救。

李媽媽單親，先生是一位跑船的船員，有一次出海失蹤後就沒有回來，一家子的生活重擔突如其來的壓在媽媽肩上，只能靠後面三分地的園子養活一家三口，辛苦可想而知。

這個心中的結其實是可以解的，但是她用壓抑吞下的方式，沒有人知道她的苦，她沒有說出，於是更苦，便會把壓力囤積到自己無能為力時，用火山爆發的形式噴了出來——這便是我們後來看見的凶狠的小李媽媽。

她原本可以得救的，每天天光初亮的早晨，李媽媽與很多村子裡的婦人一樣，端著木盒到河中浣衣，那些姐妹不止能談天，還一起罵罵老公，也會聽其他人的埋怨，理論上說說聽聽，也許壓力便會打了大折，但她都是默默的把衣物洗完之後，便一個人抄著小路回去。

李媽媽的確值得同情，但她愈是捉狂，村子裡的人愈是畏懼，敬而遠之，把她鎖在孤島，孤立無援了。天助之前，真的需要自助，什麼事都不做，就沒有人可以幫得上忙了。

二來是看見缺點。

數學考九分與國文九十九，你會看見什麼？

九分的就會罵人，九十九分的就會說孩子不錯。

事情一直都是一體兩面，看見了好便是好的，看見了壞就是壞的，都是缺點，一直挨罵，受傷最深的便會是「人格」。

人格一旦扭曲了，保證會有下一個受害者。

體罰像西藥，一帖見效，但後患無窮，因為它只是治標，而未必治本，只讓人口服，而未必心服。讚美如中藥，小火慢燉，重在改善體質，來個乾坤大挪移，徹頭徹尾做改變，才有大功效。

案例 11

# 四十歲的媽寶

我的「親子關係預約門診」來的父母多半是年輕的、少了育兒經驗的父母，很少有像這位婆婆這樣，七十多歲白髮蒼蒼還在操心孩子的將來。她推開診療間大門走了進來的瞬間，我微微揚起頭，婆婆一身粉紅色的洋裝，纖細的身軀，抹上淡淡脂粉，高貴端莊的背後裡藏著憂愁。

我放下手上旋轉的筆，起身引她到一旁的椅子坐了下來，婆婆不安的把雙手交叉在腹部，雙腳筆直，手不停地摩擦著，半晌沒說上一句話，空氣彷彿凝結了一般，我與她四目交錯，一直等她張口，她卻默不作聲。

「救救我兒子！」這是婆婆開口的第一句話。

我遞上衛生紙，預備接下她有如水龍頭般，成串滑了下來的淚珠，止都止不住。她口中操心的兒子已經四十多歲了，一直由她負責供應生活費，算起來沒工作過幾天，未婚，白天睡，黑夜玩，累了昏睡，再玩。其實他的書是念得不錯的，留美碩士，在外商工作過一段時日，但他嫌累，離職後沒再好好找工作。

「米蟲！」脫口而出的這句，我隱約看見了他們的親子關係，這個諮商我排了八次，緩緩地引導，讓她的情緒奔流之外，漸次用倒敘的方式說出怨與憂。

畢竟是自己的兒子呀，婆婆一度想放又放不下。她是保險公司的收費員，有回她告知兒子由他幫忙收款，再計算薪水給他，我聽來好像是她雇用兒子，讓他變相養活自己。

立意尚好，兒子也欣然答應，初時表現正常，老媽媽正在慶幸兒子回頭是岸了，沒有料到兒子收到保費，數十萬進袋卻未上繳，直接買了一輛進口車，付出頭期款，把老媽媽嚇呆了。

「錢呢？」

「買車了。」

一副事不關己的口氣讓媽媽慌張起來，這種事早已發生多回，她老是擦屁股，前帳未清，新債又來……婆婆說罷便再也忍不住了，大哭出聲。

她完全無法理解，親手養大、成績一流、聽話懂事的孩子，會在現今令她操心不已？

發生什麼事？

「我想跟你兒子見面。」

婆婆搖搖頭面有難色，但我堅持：「否則我不上忙。」

這件事我完全沒有把握，直到兒子當日真的出現，我們三個人坐定，我很快切入正題，把自己與老婆婆見面的經過說明了一遍，也把她的心事說給兒子聽，兒子頻頻點頭，眼中慢慢泛著淚光。

「其實我是故意的。」這句話在我預期的猜測之中，但由他的口說出，我依舊有些驚愣：「故意的？」我把音調提升了三個音階，他輕輕的「嗯」了一聲。

「我可以了解更多嗎？」

他點點頭。

「我從小就一直覺得自己只是一部好產品，製作出來讓媽媽向人炫耀驕傲的，說我如何會讀書，常考第一名。為了滿足這個目的，我的童年沒有玩樂，唯一的修行就是讀書考試得第一。」

他吞吞口水，望一眼老媽媽，媽媽點點頭，示意他繼續：「為了讓媽媽開心，我非常努力演出她期望的角色，媽媽不吝惜給我獎賞，說我做得很好，我也開始相信讀書萬歲。除了讀書，我什麼事也不用做，媽媽始終打理得妥妥當當，我只要茶來伸手、飯來張口就好了。」

畢業後找了工作，才發現自己是紙上談兵，不懂如何補足專業，加上只會讀書，無法學以致用，工作績效不佳，態度也不佳，上司還用留美來反諷他，他的情緒說到這裡明顯起了波動，雙手抽搐著，腳也不由自主抖了起來：

「我很努力找工作，但就像你們看見的，人家不錄用我，說我只有文憑，沒有實力……我很想辯駁，可惜沒有機會，這些全是她害的。我想報復，讓媽媽也嘗嘗苦果，我開始不找工作，花她的錢，買最好的東西、吃最貴的飯、做最荒謬的事，要她承擔，證明讀書沒有什麼用，根本不能吃香喝辣……」

老婆婆木然的臉上，聽出兩行淚，濕了又乾、乾了又濕，我的心情也隨之起伏而坐立難安，彷彿感覺到風雨欲來之勢。

這場心靈暴風雨在時間的淘洗下慢慢停止下來，兩個人靜靜闔上眼，再緩緩打開：「媽媽，對不起。」

婆婆徹底崩潰，緊緊抱住兒子：「媽媽也對不起你。」

這一幕讓我也跟著鼻頭一酸，淚水不停打轉。

風是停了，還會有雨嗎？

臨走前，她塞了一個大紅包，厚厚一疊，我猜想大約有八千一萬吧，我輕輕放回她手中：「不能收，不要為難我。」

婆婆跨出門的步伐比起先前的沈重，明顯輕鬆上許多，但真的能一帆風順嗎？我不得而知。

游老師的醍醐灌頂

# 人人都有一扇窗

天生我材必有用。

上帝是公平的。

天無絕人之路。

原來人人都有一扇窗，端賴你是否打開了。

各領風騷不是名人格言或者成語故事，而是事實。人生不是只有一個角度，而是全是視野，被肯定的方式也非成績分數與學歷，而是能否勝任他。此處不留爺，自有留爺處，人生處處是風景，退後是向前，放手境更寬。

我讀過這樣的故事：

有一位國王，夢見山倒了、水枯了、花也謝了，他不知是吉兆還是兇兆，便叫來釋夢大臣解夢。

「山倒了暗示江山要倒；水枯了暗示民眾離心，因為君是舟，民是水，水枯了，舟就不能航行了，也就是說，百姓不再擁戴國王了；花謝了暗指好景不常了。」國王聽後，驚出一身冷汗，從此病倒了，而且病情日漸嚴重。

大臣紛紛來看望病榻上的國王，其中一位心腹聽出他的心事，大笑道：「這夢是大吉大利啊！山倒了指從此天下太平；水枯了，真龍就要現身了！國王，您是真龍天子啊！花謝了——花謝見果呀！」

國王聽後，舒心地笑了，身體便很快康復。

這就如同半水杯的寓言一樣，半空還是半滿？自己決定。擁有積極心態的人會說還有半杯，失望者會嘆息只有半杯，告訴我們心態比一切更重要。

美國成功學大師拿破侖．希爾說過：「人與人之間只有很小的差異，但是這種很小的差異卻造成了巨大的差距！很小的差異就是所具備的心態是積極的、還是消極的；巨大的差距就是成功和失敗。」

樂觀的人遇到挫折，總會把它變為一種「轉折」，這並不意味著否認問題的存在，或逃避直面痛苦的責任，而是用另一種思維方式面對挑戰。

樂觀可以使我們看到：未來是有希望的，也是可以去爭取的，它促使我們說「我能」，而不是「不能」。

心理學家馬丁．塞利格曼認為，對自己和世界的樂觀看法，就像一副堅固的盔甲，他能保護我們不被抑鬱、自卑、失望和挫折所壓倒。樂觀者的心胸是開闊的，白天能照進陽光，夜晚能仰望星空；而悲觀者則相反，哪怕只是一塊窗簾擋住了光明，他們也會認為世界一片漆黑。

正如海倫．凱勒所說：「沒有一個悲觀的人發現過星星的秘密，尋找過一個從未在地圖上出現的大陸，或者向人類打開一扇新的通往天堂的大門。」

發明電話機的貝爾曾說：「當一扇門關上的時候，另一扇門就會打開，可是我們常常如此長久地、懷著懊惱和悔恨盯著那扇關上的門，以至於看不見那扇正在向我們敞開的門。」

我們要教孩子的不是一直去找一扇開著的門，而是當門關上時，如何想方設法去打開它。

教育的功德無它，不過是幫孩子找到自己頭上的一片天，因為它存在，而且人人皆不同，但同樣色澤繽紛。

Part 3

# 8 堂父母該教的人品課

# 前言

「人品」這件事的重要性，遠遠勝過分數成績等第，少了它，成就無疑只是海市蜃樓幻影罷了；但若有了人品，便會大大不同。有一天他可能成為為政者，擁有權利，才會記得權利三要：

一、以德：德不孤必有鄰。

二、以正：其身正，不令而行；其身不正，雖令不從。正人，才會是君子。

三、以仁：要有不忍之心，因為人民只想圖一頓飯，希望戀戀桃花源，安居樂業，不知有「漢」，沒什大不了，但不知有「飯」，保證有關係！

如果成為醫生，才可能因為人品成為有醫德的華佗、扁鵲，懂得上醫醫心，下醫醫病，並且視病猶親，病人是家人，才不會動不動就想開刀斂財賺錢。

有愛的老師才會是教育工作者，老師成了志業不是職業，眼中的孩子才不會有高下優劣，都是各擁一片天的人才。

也許有一天，孩子會成為商人，有品之人才不會是奸商或者賤商，賣了房子讓人苦了一輩子，油用地溝油、炸油條的黑心油再製，醬油是化學調配的胺基酸液，石斑魚池子裡加上巨毒的孔雀綠……，這些像員外的商人可能也是黑心人，什麼都不缺，只缺德。

這就不是好的教育了。

真正的教育要從為人處事做起才是：「弟子入則孝，出則弟，謹而信，汎愛眾，而親仁。行有餘力，則以學文。」這是《論語．學而篇》提出的教育見解，非常精準道出孔子的「做人第一，學問第二」的教育思想。為人處事比起任何事物都來得重要，利己無益於社會，只有懂得利人，才會是大同社會的通道。

年邁的阿嬤推著資源回收車過馬路，幾位熱心的高中生不約而同上前，幫阿嬤推車，並扶她過馬路，暖舉感動眾人。

有人寫下：

「同學好棒，這才是教育！」

「這是台灣最美的風景」

「誰家的好孩子，很值得鼓勵！」

「了不起，真暖心」

這是大教育家盧梭希望的愛的社會，這粒種籽需要埋下，有一天才能萌芽出來。著名的教育家，北大校長蔡元培，就特別注重道德教育，他要求學生敬愛師友，砥礪德行，負起力挽頹風，他說那是振興國家的唯一利器，而他自己更能以身作則，以偉大人格感召五四運動

以後，社會動盪，政局混亂，學子的偏激行為與品行墮落。北大校長在他看來是上位者，必須要有人品，才能使他們未來成為一位以德服人的謙謙君子，畢竟君子才會坦蕩蕩，小人則長戚戚。

欠缺道德教育，我們將會看見更多層出不窮、失去溫度的傷感事件：

我每天從社區走了出來，經過馬路，步向打羽球運動的運動中心，路上要過兩條斑馬線，通往運動中心的這一條，清晨八點之前的通行秒數大約四十二秒，我們手腳俐落，還行；但比我年長十來歲，平常少有運動的長者就未必過得了，我常與球友當護衛者，正面對著車、比著手勢，陪老人一起過馬路，但還是經常被不耐煩的年輕騎士逼迫快點，一副想罵我們是死老頭的樣子，我有時會隱忍不了，痛罵：你都不要老？

是的，這麼老，哪有可能會快？但如此惡行，不懂敬老的孩子誰教的？如果不把人品早日放回教育，未來這苦果如何可解？

品德 01

# 我們都會老，教孩子懂得體貼……

小巷的單行道上停了一輛私家車，後頭的車子魚貫停下，靜候那部車的下一個動作，公寓的門緩緩打開，走出來一位老人家，打開車門，很努力的試過多次，卻一直上不了車。司機分明是兒子，他一直坐在駕駛座上，沒有下車扶她一把，任其嘗試錯誤，最後風揚中發出一聲暴怒：「不會快點嗎？」

可是這麼老了，還能有多快？

誰教出這個口出惡言的孩子？那是天性？還是學來的？

吼父母早不是什麼新聞，弒親不知從何時開始，常驚悚的占據了版面。警政署通報的家暴案件數量從民國九十七年就開始成等比不斷飆升，一〇七年已從三萬九百四十件倍增到六萬八千九百五十八件；被害及加害者是直系血親的案件也從一百四十二件成長到兩百三十九件。通常這類案件會因家人隱忍而被低估，真正被揭露者不過冰山之一角。

對自己的至親下毒手又是何心態？一時失控或者是忍無可忍的報復？

心理學可能提供了一些線索，缺愛且有暴力的關係是因素之一，學業成績單導向是原因之二，西方精神分析專家則是用莎士比亞的伊底帕斯情結解讀，強調恨是愛的缺陷。

東方社會父母對子女慣有的獨占與控制，用成績論英雄的氛圍更深化這套親子衝突的力度。同一屋簷下，日積月累不斷磨擦，壓力堆疊，無處釋放，有一天一旦爆發，往往愛恨情仇一次了結，一發不可收拾。

望子成龍成鳳是天性，但過猶不及，加上欠缺理解，我們往往可能誤以為兒女是天才，忘了菁英不及百分或者千萬分之一，多數人是平凡的，強迫他們一定不能輸在起跑點上，肯定會造出壓力過大的邊緣人。

要求不是問題，但過度要求則問題重大，最後導致家缺乏溫度，磁吸功能失調，就很容易把家人推出了門；接手的若是幫派、犯罪集團、吸毒者，他們便會一步步不自覺的走上失控人生，最後成了社會邊緣人。

怎麼解？

推力的另一頭是吸力，恨的彼岸是「愛」，它是一帖美好處方，可以慢慢化去結繭的心防，醫療彼此的冷淡。

但千萬不要等到冰凍三尺，關係已成北極的永凍層，就算有鏟雪車也沒有用，只能等待下一回的氣候異常融化？

成就不是愛的化約，名位也不一定是孝順的指標，有些孩子並不聰明卻很體己父母。

這是某一年夏季的故事：

遲來的鋒面終於在六月的上半場，凝結成一團雲，忽大忽小落下了解渴的梅雨，把五月酷暑難耐的烈日澆熄了一點點，即使溫度並未因而降下多少度，但卻陰陰的，心理溫度涼爽了不少。

這樣的天氣，便不再像先前一樣，車子在三十六度的盛夏中烤曝三小時，演講後，車門一開，熱氣逼人，坐在駕駛座猶如三溫暖的烤箱，汗如雨珠，冷氣怎麼也不會涼。

邀請我的學校在山丘上，因為地形的關係，雨下得更大方，車子雨刷賣力滑動，保持視線，離演講還有一段時間，我放慢速度緩緩的開，大約離校門只有三百公尺左右，突然一輛三輪車進到了視力範圍內，這種車子除了資源回收之外，已經很少見了，慣常都是一個上了年紀的老人，後頭放了很多紙箱，準備載往資源回收場變賣成一斤二元的餬口費用；但這一次，老人穿著很薄的雨衣坐在後頭紙箱旁邊，踩踏著的是年輕人，應該是他兒子，左踩右踏費力往前，暴雨中顯得有些吃力，畫面讓人動容。

我在他前面超車，並且靠邊停了下來，撐傘下車伸手召喚，他停下來迷惑問我：「有什麼事嗎？」

他一開口我便可以辨出是個蒙古症的大男孩，我指指後面坐著的人：「爸爸嗎？」

他點點頭！

「要去哪兒？」

他更迷糊了，心裡一定在想：「這個人想幹嘛？」

答案不出我所料，做資源回收，目標與我相同，是要到學校，他告訴我每次學校有辦活動就有東西可以回收，他要去。

「可是風雨這麼大？爸爸可能會受不了？爬坡又這般辛苦⋯⋯」

他天真笑一笑，告訴我，沒有辦法，家中只有他們父子倆，八十多歲，一個人在家，他說：「很不放心！」

這話從一個智商可能只有五六十的低能者脫口而出，讓人訝異，「成就與孝順」一下飛閃而出，如果只能有一種選擇，我們到底會選擇優秀傑出但忘了我們，或者平凡可人愛我們的？

我在當下不假思考，做了一個決定：「今天不要回收好嗎？我給你一千元，你載爸爸回去？」孩子愣了一下，回頭看看老爸爸，他們同意，我們成交。

臨走之前，我問他們：「住哪裡？」

住址就在下坡不遠處。

「我待會兒把寶特瓶送去給你哦！」

大孩子這下更開心了，一直點頭。

演講後已近中午，我依約載去資源回收，並且買了三個便當，我們邊吃邊聊，慢慢得知，父親曾是一家公司的中級主管，太太過世後，由他一個人把獨子照養長大，公司同意把孩子帶去上班，給他一份工作，幫同仁倒茶與處理雜務，直到老人退休。

他經常對兒子說這兩句話是：

「不要離我太遠。」

「我在，你放心。」

受限於智力關係，這孩子依舊沒有辦法獨立生活，有些事也教不來，獨獨這兩句話記得特牢，他用「眼見為憑」當界點，看見了就放心，沒看見就不放心了。

我猜想他們一定喜歡維斯冠的說法：「父母和子女，是彼此贈與的最佳禮物。」親子在這條人生長河中，費心的像一顆星星一樣閃亮對方。

午後一點多，我告辭離開那間破舊小屋之前，他靦腆走近，握緊我的手：「我會好好照顧爸爸的！」這話彷彿一種允諾，卻是對一個陌生人說的，許我一個放心吧！關上門前我拍拍他的肩，說了一聲加油，只是，轉身掩門，我早已淚流滿面了。

「優秀，但不孝順」與「平凡，但很愛父母」這兩種相剋的選擇，你會怎麼選？

游老師的醍醐灌頂

## 老的練習曲

我的左手小姆哥有一條既深且長的傷疤，目測依舊明顯，不難看得出來當年深可見骨的受傷慘況，肯定痛徹心扉。

那是國中某一年的暑假，同學邀我一起應徵修築堤防的工人，把天然的草坡水溝挖了開來，填上水泥護岸。那非自然的工法並不環保，許多長年棲息其中的水中生物，在大機具的刨虐之下四處流竄，最後屍橫遍野。大約是工作的第三天，有人發現一條巨大的鱸鰻，工頭下令停工，一堆大人挽起衣袖捉鰻魚，最後當然手到擒來，下場為何我便忘了，應該不外乎賣掉或者被吃掉？接下來又繼續水泥護岸的工程。

灌泥漿時，一群工人排成一條長龍，用扔擲的方式，把石頭從一個人的手扔向另一個人，接手傳下，對長期做粗重工作的大人而言，那重量、那距離是合理的，但忘了我們這幾位是國中小屁孩，小顆的築堤石頭我全接得住，但愈來愈大粒，慢慢便覺得有些沉了，其中一粒我接住了，後因過於沉重順勢下滑，直接把手壓裂繃開，緊急送醫，但無法縫合，只能上藥吃止痛劑。當夜輾轉難眠，痛徹心扉，事後得知媽媽也是一夜未闔眼。

感冒全身癱軟，對我是酷刑，對媽媽也是，診所那麼遠，家中又沒有車子，媽媽二話不說把我背上了肩，走了兩公里碎石子的泥濘路就醫，打針吃藥，再氣喘吁吁背回沉沉的我，來回四五公里，沒喊一聲累。鼻涕太濃，無法呼吸，她立馬彎身，用嘴巴使盡丹田力氣，替我吸光濃稠的痰，吐出再吸，這些超人級的舉動，以前當是應該，而今懂得是愛。

媽媽失智後出現許多惱人的怨言，一想到這些過往，馬上煙消雲散，她一直無私愛我，我怎可不愛她？

我確實忘了媽媽是從哪一年開始，就會喊累喊痛、喊什麼事都記不得的……也不知那就是初老現象，原因是我真的沒有老過，一直以為老只是名詞，不是一種可怕的動詞，會漸進式的吞噬一個人。

我因而以為母親節只是一個單純節日，因為忙，可以不必回去宜蘭陪她過節，反正明年還有，當我告知我有講座，電視要錄影，電台在錄音，不能東漂回去時，我依舊聽不出她那一聲「哦」的背後藏著滿溢出來的沮喪與傷感。

有一年，還是母親節，我沒有演講，但兒女隔週要考試，我們本想一起回去，但臨行前一直反覆思忖，這樣孩子讀得完書嗎？正當我又想去電回家，說不回去時，兒子開示了我：

「奶奶只有一個，考試有很多次！」

意思是，頂多考不好而已，還有下一次。媽媽照養我的時候從來不找藉口，我們何以藉口一大堆，這些道理我們終究是會懂的，但往往等到的是：「子欲養而親不在」的遺憾。

停下來吧！

這是我心中慢慢浮現出來的聲音，父母還健在就很幸福，我也確實開始停下一部分的工作，牽她散步，帶她上廁所，要她慢慢來，我會等她。有時只是無聲勝有聲，坐著靜靜陪她，直到她睡著，我也睡了，她便好開心了。陪媽媽漸次成了我的老年練習曲，我因而懂了，原來「老」

長成這副模樣，會累，會怕，會煩，會無能為力，需要有人喊一句：「我在」。

老化的確惱人，我懂它，反饋在自己父母身上，有了同理心，子女才會慢慢修行得到了。

「老爸，放著別動，我待會兒替你搬上車去。」

這是有一回我出門演講前，把作品整理好裝箱，預備出發，兒子從嘴裡偷偷溜了出來的一段話，我心想，原來「值得」兩字不用精心布局，可以如此簡單。

品德 02

# 同理心，學會設身處地替人著想

女兒考上高中就讀的第一年，年輕的女導師打來一通神秘電話，怯生生要向我借女兒。

借？

原來是借去做公益！

隔日老師用文情並茂的筆調在聯絡簿上附了一封信與一份同意書，邀請孩子參與「創世基金會」的一日志工。

女兒同意，站在人來人往的西門町募集了責任額度的一箱發票。回來後她與我分享過程的辛酸。

「很難咧！」

「真的？」

「對啊，剛開始一張也沒有募到。」

「後來呢？」

「我就站在超商門口，跟出來的人說：發票給我。」

幾年後發現，女兒在這一件事上是收穫豐盛的，她因而知道每一件事都很難，天下無難事不完全正確，但有心，也要有方法，她找著了方法，而且懂得這項行動的背後是愛。

這件事之後沒多久的某一天，她比平常晚回來一個小時，沒有按慣例打電話回報平安，到家時一臉疲憊，手上卻多了一個中秋月餅。太累了吧，便馬上休息睡覺，隔日才娓娓道出晚回的理由……

她從捷運站出來，看見一位提重物的婆婆，自告奮勇幫忙，原來以為她會搭上公車，婆婆卻堅持走路省錢，半小時後到達沒有電梯的五樓公寓住宅，氣喘吁吁爬了上去放好，再走路回來，途中手機沒電無法回報訊息，陰錯陽差讓我窮操心，這件事我也跟著感動，那比分數更有味。

旅行桂林陽朔，遊完漓江趕到陽朔的時間晚了。用過午餐之後，我們閒晃陽朔一街，三五步就有一位高齡七八十歲的老人在拉胡琴，女兒問：「他們會是騙人的嗎？」我這樣回答：「我不太確定，但是，你覺得我敢這樣做嗎？如果不敢，為什麼？八十歲還要夜裡不睡，拉胡琴要錢的理由叫做：身不由己。」之後女兒好像懂了。

我們時而佇足聆聽，聽罷她便要求我掏錢打賞，直到零錢花光。回旅館的路上我提醒她，做好事很好，但要記得適可而止，量力而為，等一個來日方長。

看來老師的善念已經替女兒埋下一粒美好種籽，添了「愛」，成了一生受用的好禮。慈悲勝過課業，它是孩子帶得走的人品。讀書用心就會，但「愛」這樣的人品，不教是不會的。

女兒在學校的成績一事並未與我及太太以前一樣表現出色，一度因為努力得不到成果而有怨氣，我花了很多心力讓她了解，學習的美妙在過程，不是成果。而且鳥魚不同，牠們各有天空，當時也許半信半疑，但至少像一帖藥，給她一些慰藉。

後來她往自己的興趣方向前行，留學英國學習她最愛的藝術，有一回寫私訊給我，語意深遠的說，讓我當女兒是她最幸福的事。

是嗎？

如真如是，我就功德無量了。

更重要的是，在同儕之中她是一個貼心受人歡迎的孩子，無形中因而加分，受人喜歡，添了助力。

「活力教師」選拔，其中一位老師和女兒的老師像極了，他的本科是國文，但多數的時間在教慈悲，他把一個學期分成三階段，讓孩子們體會他人的不便。比方說：開學初，體會缺手之人的感受；學期中，體會一下缺腳人的心酸；最後則是體會沒有手又沒有腳的苦惱，一學期下來，他發現孩子變得更有愛心了。

最特別之處是，他會邀請家長一起加入，在孩子的體驗生活中，父母成了參與者與觀察者，有些家長也因而有了改變，這是他的意外收穫。

聽完他的故事，全體評審無異議通過，當年的得獎者就是這位用愛織夢的老師了。

雖然他一再強調沒給孩子什麼，但我們深信，他給的是人生厚禮，那些藏了愛的元素，可能足以影響學生一輩子，那才是他們取之不盡、用之不竭的。

游老師的醍醐灌頂

## 用心有魔法

心血來潮到餐館點了五樣菜，準備帶回家與家人一起共享，核實發現錯了兩道，小姐一臉沮喪，不知如何是好？小小聲的問我：需要重做嗎？

理論上要，那不是我喜歡的菜色，我可能沒有胃口，但聽出其中玄機，重做也許她就得自己買單？

我風趣安慰：「沒有關係，反正都要吃進排出。」她聽後笑了，彷彿我做了一件好事！

這個點菜事件，其實我鋪了一點梗：「同理心」。

我們一般人在處理事情時，會用到的不外乎三種方式：

一是「你」，你為什麼犯錯，彷彿對方是故意的，你必須找碴，指責對方的不是，這一點常常被用在看待兒女的缺點上，數學考了七分，好像是他故意考的，不是真的不懂。

二是「我」，我常常用「如果是我」反問自己，這件事如果是我出的錯，我希望別人怎麼做？

打我、罵我、K我一頓，還是原諒？

我猜是寬恕。

三是「他」，站在對方的立場設身處地的想事，他有心事嗎？他發生什麼事？家人生病住院？

這些全是有可能發生的事，否則一件嫻熟的不得了的制式工作，不至於恍惚到出了錯，心口分離，那不是責怪可以解決的，錯都錯了，怪罪有用嗎？重點在如何更有溫度的解決問題。

「心」有事吧，就用心來替人設想解困，這個社會應該就會沒什麼事。

同理心並非與生俱來，必須教？

身教是王道。

陪父親到宜蘭市區茶行購買過奉茶的茶葉發現一事，茶葉是賣茶的叔叔說了算，父親的理由是他比較懂，用我的心理學術語來說應該是：「他比較專業」；父親的意思是：除非你比他更懂，要不就不要買。

這件事後來便萌芽出來，成了我同理心的一部分，除非我比他懂，否則聽他的。「聽」這件事不等於概括全收，我可以擇一擇二擇三，我很不愛不懂裝懂的人，所以自己也就不好辯，尊重專業者。讀者說我的作品很有溫度，它具備同理心，我一直用對方的角度思考，反而更有共鳴。

兒子的工作機會一直比別人多，工作中常常會遇上貴人，有人會自動提攜，這些助人的出處我懂，還是同理心。

你教了沒？

怎麼教？

教什麼？

在譏評中長大的孩子，苛於責人。

在敵對中長大的孩子，常懷敵意。

在嘲笑中長大的孩子，畏首畏尾。
在疑惑中長大的孩子，滿腹狡詐。
在親熱中長大的孩子，宅心仁厚。
在鼓勵中長大的孩子，滿懷信心。
在讚美中長大的孩子，懂得感激。
在忍耐中長大的孩子，泱泱大度。
在幸福中長大的孩子，前途美好。

這是《讀者文摘》曾經登過的一篇小品文，值得參考，然後以身作則。

品德 03

# 態度就是高度，不一樣的教育觀點

與董事長在一間很有歷史風情的老茶樓用餐，步入前庭，映入眼簾迎人的是紫色浪漫的紫藤花，綠葉爬滿藤架，花兒四處綻放，狹長的水池內，肥嘟嘟的錦鯉蜂湧上來會客，院落內的休憩石桌椅依舊藏著三十年的風華，一旁依著芭蕉樹的是老房舍的牆角，老舊格子玻璃窗內，一群人在茶葉飄香中用餐，彷彿百年前。

這場餐敘是在演講後，董事長聽得出神，非常有誠意的盛情我一起用餐，他帶來了他的左右手，黃經理，一起用餐聊天。

那一天總結我得到了言簡意賅的方略：能力勝過學歷，態度才是高度。

這也是制式教育裡最欠缺的實證哲學，董事長告訴我，能力的評量的確不簡單，但方法很簡單，就是懂得並且願意做好它，他以陪坐的黃經理為例，告訴我何謂能力？銘傳大學畢業的黃經理，並非名校生，當年應徵的人選之中不乏台大政大的文商科名校，最後決選十取三，他也非池中之龍，最後雀屏中選的理由是「態度」。

董事長組成的評選小組選了兩個思考便捷的人，第三位一直很猶豫，意見不統一，能確定的是，黃經理一直未在名單之中，但一些小舉動使之非常吸引人，他是決選中唯一一位會自己搬椅子，會問同時應考的競爭者累不累？讓坐給人休息，最後還把椅子恢復原位的人，這些不經意的小舉動讓董事長印象深刻。

黃經理打動人的是：「我不確定我會不會錄用，但若有幸上班，你們可以只給我三個月考核，不合適可以請我走路。」

董事長因而給了機會，他發現黃經理不是一位資賦優異的年輕人，但肯做肯學，很快就把公司的作業流程學上了手，並且有疑必問，言必稱教他的人為老師，很快便贏來了肯定，他不是做三個月，而是一做就二十三年了。

決定經理人選時，也有插曲，三位競逐人，依本事來看，他是低分。小A有九十五分能力，但公司由他經辦只能發揮出來八十五分的效益；小B本人有九十分，但公司會被他經理成八十分；黃經理七十分，依他的人和可以帶出一百二十分的業績，這就是他被相中成為CEO的理由。

在董事長的眼中，我直覺了解一事，他的「能力」兩字不是單一的，而是綜合指標，這也是制式學習裡的欠缺，我們用非常單一的、量化決定出來的第一名，並不合適真實的人生戰場。

那一天我聽了很多不同視野的觀點，因而懂了很多，他想講的「能力與態度」已經在黃經理的身上說明完整了。

黃經理的勵志故事讓我想起了嚴長壽先生，他說：「亞都飯店就像我個人的翻版。我沒有讀大學、沒有了不起的學問，不像張忠謀天資聰穎，也不像馬英九每次考試都第一，我大學落榜後當小弟出身，但也可以把人生闖蕩得轟轟烈烈。」

亞都飯店當年並非最賺錢、最豪華的旅館，但他展現了一位領導者如何親身示範，以遠見及熱情感動員工、感動客人的處事哲學，他用飯店這個平台和世界做朋友，做第一線的國民外交，同時示範了：一家以賺錢為主的公司，也能以慈善公益的面貌感動一個社會，將營利事業打造成人文地標，讓全世界驚艷、動容。

嚴長壽一直用這樣的視野觀照，思考如何在別人、社會的需要上，看到自己的責任，挖掘出生命恆定的力量。內心得到平靜和心安，你也可以活得不一樣。

當年福特總統來訪，因緣際會住到了亞都，由他負責全陪，他很細膩的記下福特說的每一個生活細節，其中一項是飯後有吃哈登達克冰淇淋的習慣，當年他與總統一行人外出用餐，回程途中，他交待房員立刻去買冰淇淋，十分鐘後放進房中，總統門一打開對著嚴長壽大笑：「你是魔法師啊。」

赫爾岑說：「不是每一個人都要站在第一線，各人應該做自己份內的工作。」這個被嚴長壽視為份內事的小動作他做到了，卻也成了他真正的過人之處。

游老師的醍醐灌頂

## 下功夫得到真功夫

「跟人比」應該是教育裡最大的盲點之一，忘了人生最大的一位競爭者其實是你自己，自己超越了自己，便表示歲歲年年人不同，活在進步中了。

「比較」這兩個字很惱人，一直像蜘蛛精一樣，用厚實的網纏住了人，以為在一百人之中非得要贏九十九人不可，周旋在非黑即白，對錯之間的不歸路。

人生其實是一個人的武林，地圖中最多的式樣是自己，一人一筷一碗飯，飽便足矣。你有一億仍是一張嘴，住豪宅也是一口飯，開賓士還是一個人，不可能兩個人一起開，人生要學會的是自知之明，自己駕馭，自給自足，自己便是一切。

李安擔任金馬獎主席的那一年，頒獎後的記者會上，他語重心長的說及台灣電影最缺乏的是人文關懷。

隔日還是有人批評，說他不懂台灣，這些人可能忘了電影無國界，如果我是導演，我會虛心受教，尋找李安口中的人文底蘊。

一直想與人比較，會悄悄帶來一些自我設限的盲失，變成敵我分明，優越性重與競爭，這些未必不好，但一定不會太好。見不得人好，肯定少了反思，便精進不了

德國教育的優勢其實並不難理解：「做什麼都好，但要做到最好。」說穿就是做自己，不理他人。

在德國慕尼黑大學教書的友人，每回台灣我必請益，他說簡言之，德國就是實作國家，一定要把學的得出來才是真本事，他們相信各個行

業都是好行業，重點在你要做好他。

他在德國結交的其中一位好友是水電工，人生可以畫出兩條精彩且涇渭分明的線──白天工作的，黑夜家人的，得到你要的，但要享受你所得的，水電是他的專業，但收藏是興趣，他有七輛賓士骨董車。

德國人認為任何一種工作，只要做得好的人就有高薪，高學歷在他們看來只是某一些人合適的工作而已，仍得具備相應的能力。早期台灣的學徒制是很管用的，它就像德國精神。在大學，教授帶著學生的學徒制可以創造學派，鐘錶的學徒制可以帶出這一行業的優秀者，以木匠為例，德國高中生從木匠學校畢業之後，穿上那一件木匠服，出門流浪三年，他們會去幫忙蓋鳥籠、小木屋、農舍等等，累積實作經驗，大約三年出師，成為一位合格的手作木匠，這應該就是所謂的達人精神吧。

不要問世界給你什麼？而是要問你替世界做了什麼？

教育常常如是，我們一直把求學用在「得」上，忘了「捨」更是「得」。人生一直是多元，不是兩元論，是非並不分明，「對立」「意識型態」「攻防」只是弔詭，便少了他山之石可以攻錯的氣度。

荷蘭的幸福教育，德國的專業教育，芬蘭的輪讀教育，瑞士的做好自己教育等等外國教育都有哲學核心，但並不代表他們都是最好的、毫無缺失，本意只是吸取菁華，借用優點，見林又見樹。

做自己最簡單的解釋便是：鳥在青天，魚在水中而已。

你是魚？不用再問了，請待在池塘之中。

品德
04

# 誠信，無法取代的第二生命

美國紐約市一家知名廣告公司的高級職員哈里斯，與友人相約喝咖啡的路上遇上一位流浪漢，語氣平和的對她自我介紹：「我叫瓦倫丁，今年三十二歲，已經失業三年了，只靠乞討度日。能幫我嗎？比如給我一點零錢，讓我買點生活必需品。」瓦倫丁用期盼的眼神望著。

哈里斯動了惻隱之心，微笑著對瓦倫丁說：「沒問題，我十分願意幫助你。」可是伸手進到口袋掏錢時，才發現全身上下只有信用卡，根本沒有帶現金，這下有點尷尬，她拿著信用卡，不知接下來該怎麼辦。

瓦倫丁看出她的難為情，小聲說：「如果您相信我，能將這張信用卡借我用嗎？」心地善良的哈里斯想也不想便同意了，隨手將信用卡遞給瓦倫丁。

拿到信用卡後，瓦倫丁並沒有馬上離開，又小聲徵求哈里斯：「我除了買些生活必需品外，還能用它再買瓶礦泉水嗎？」

哈里斯心想，卡已在對方手上了就買吧：「可以，如果你還需要什麼，都可以用它去買。」

瓦倫丁離開之後，哈里斯開始懷疑和後悔，她懊喪地對朋友說：「我的信用卡不僅沒有設置密碼，裡面還有十萬美金，那個人一定拿著信用卡跑掉，這下我要倒大霉了。」

朋友也覺得憂心：「你怎麼可以隨隨便便相信陌生人。你呀，就是又善良又天真呀！」

哈里斯再也沒心思吃飯了，但令他們意外的是，剛走出餐廳大門，就發現流浪漢瓦倫丁已經等候在外面，他雙手將信用卡遞給哈里斯，恭敬的將自己消費的數額一一報上：「我一共用卡消費了二十五美元，買了一些洗漱用品和兩瓶水，請您核查一下。」

面對這位誠實守信的流浪漢，哈里斯和朋友在詫異的同時，更多的是感動，她不由自主抓住瓦倫丁，連連說：「謝謝您，謝謝您！」

瓦倫丁一臉疑惑，她幫助了我，我應該感謝她才是，她為什麼卻要感謝我呢？

隨後，哈里斯去了紐約郵報，將她剛剛發生的事告訴了報社。

紐約郵報也被瓦倫丁的誠實感動了，當即予以報導，頓時在社會上引起了巨大反響，報社不斷接到讀者的來信來電，都表示願意幫助瓦倫丁。

牛仔城德州的一名商人看了報導，主動匯給瓦倫丁一筆高達六千美元的錢，獎賞他的誠實。

更讓瓦倫丁驚喜的是，幾天後，他又接到威斯康辛州航空公司的電話，表示願意招聘他擔任公司的空中服務員，瓦倫丁感慨萬千：「從小母親就教育我，做人一定要誠實守信，即使身無分文流落街頭，也不能夠沒有誠信。我之所以能得到這麼多人的幫助，是因為我始終相信，誠實的人，必會有好報！」

這是網路看來的故事，忠於事實我只稍加改寫，文中的「誠信」是令人動容的普世價值，曾幾何時變得如此珍貴，是社會變了？還是人性變了？抑或我們根本沒再教了？

試喝是賣茶的慣例，但有家茶行堅持不准，憑什麼？老闆說：「誠信！」

父親喜歡喝茶，夏日炎炎會在老家土地公廟前擺上一座「奉茶亭」，那是他上工伐竹、去皮陰乾，再花一些時間編成的，奉茶亭三個字則由剛識字的我寫成，供應早上新沏的茶水，盛夏擺上，讓行旅停了下來納納涼、解解渴，小憩一會兒。

茶葉是在宜蘭市區的一間「茶行」買的，一斤自喝、一斤奉茶，自喝有股霉味，奉茶的則有一股淡淡的清香味，一聞便是好茶。父親其實並不懂茶，全由老闆說了算，他其實是相信「誠信」兩字，這家茶行傳了幾代了，大約百年歷史，一直以來都是以信字持家，他們說了算，「這就是信用的價值！」

沃夫格說：「用誠實販售，賣出的便是名譽。」

我們該教孩子這個，如果你教了，他們懂了，就不必多教什麼了。

游老師的醍醐灌頂

## 言而守信可以暢行千里

記者採訪一家百年茶莊之後，與退休交棒的老老闆成了忘年之交，即使不是採訪新聞也喜歡路過進去聊聊天，喝上一杯茶水。茶行內有一幅高掛在檜木樑上的老舊匾額，斑駁中泛著風霜，鎏金的金漆已然褪色，但蒼勁有力的字體仍看得清楚是「誠信」兩字，老老闆說那是家訓，他接手茶行生意，「誠信」就這樣高高掛著了。他們家的茶葉品質不用試，因為他們早已把關，說了算，品質有問題就退費，童叟無欺，因而累積了一些死忠客戶。

記者某日傍晚接到老老闆沮喪的電話，說茶行的百年老匾額遭竊，夜不成眠了，記者答應發揮柯南精神，託人查查。記者假設，如果匾額不是收藏自用，最有可能的落腳處一定是古玩店，這正巧也是他採訪的另一條線，於是他利用各種管道查詢，只是幾年下來一直未有進展，老老闆看來也已釋懷，不再操煩，但年邁的他因這折磨，確實蒼老許多。

記者後來也幾經轉折，調回故鄉當特派，與老老闆便少了聯絡，但答應的事一直掛念在心。終於有一天，接到一通好消息：找到匾額！他二話不說開車前往買下取回，興奮的給老老闆打電話，不料接電話的是兒子，老老闆已於前不久往生了。

出殯當天他把匾額帶了過來放在靈堂，告訴老老闆，他的承諾兌現了，請他放心。

後事辦好之後，老老闆的兒子找上了他，想問明匾額贖回的價格，他拍拍他兒子，誠信是無價的。

多有味的故事，彷彿季札掛劍的一諾千金，即使友人已死，他還是風塵僕僕掛上那一把劍。

美國有則新聞提及一所大學生物科技系的學生，作業抄錄了網站的資料，但沒有載錄出處，老師便二話不說給了抄襲者零分。

這位老師接受訪問時告訴媒體，分數失去了還可以再來，但因欺騙或剽竊而失去的誠信，一旦不懂得反省，這個學生的成就反而是他為非作歹的本錢，「零分」教的是人品。

父親的雜貨店裡，經常因為村人欠的債太多了，收不回來時便是呆帳，有時連補貨都有困難，這時候隔壁的陳奶奶便成了他的最大債權人，苦思無著時，便由我家的後門鑽進奶奶家的後門，借了一筆錢出來。可以一借再借的理由便是「信用」，這是奶奶的兒子親口告訴我的，他說我父親從不違約：「我知道欠了人家東西，說了日期，就是一種約定，信用不可丟失，否則人就一無是處了。」

這是父親的話，也是他的家教，我因而學到除了銀行之外，從不向人借錢，包括買房子，經濟最困窘的時候，醫生友人替我準備的一百萬元，我都沒去取，因為我相信我能度過；買魚未帶錢，即使把魚帶了回家，也是五分鐘內趕回還了錢，這些全是我從父親身上學到的，也是我在友朋之間被人喜歡的理由吧。

「遵守諾言就像保衛你的榮譽一樣。」

——法國作家巴爾扎克是這樣相信的。

品德 05

# 一念之仁，我的小事可能是別人的大事

魯迅寫過很多膾炙人口的文章，最知名的當是〈阿Q正傳〉、〈孔乙己〉等等，但是我印象最深刻的一篇文章卻是〈一件小事〉的小品文，文章提及民國六年在北京的風雪天遇見的一件小事。

他雇了一輛黃包車在浮塵刨淨的大道上奔馳，車子通過時，一位有了年紀的女人緩緩倒下，她的頭髮花白，破爛的衣服因為勾到車子，栽了一個大觔斗，滿臉是血，車夫停了下來，扶住女人，問她有事否？

魯迅怪他多事，怕會惹出是非，可是車夫不理，逕自把老人扶到警察所，不一會兒，巡警走了出來告訴他，車夫要留下來幫助老人，叫他自己雇車回去，不用錢了。

他突然覺得自己剛剛的小人心思實在渺小，而車夫的身影突然高大起來，便從口袋中抓出一大把的銅錢，要巡警交給車夫……。

這篇文章在別人眼中也許沒有什麼，但對我而言彷彿種籽，讓我記下，而且不知不覺影響我。

前後二十三年我都依約前往他鄉異地，四千公里之外，飛機要飛上四個半小時的馬來西亞。落地後，便一路風塵僕僕沿著地圖上的偏鄉講課，總計走了三千多公里，約莫是馬來西亞的一半大了。有一回巧遇了類似的事件，我很快選用車夫的決定。

行程太遠，路途艱辛，為了保持最佳狀態，我天天從旅館出門跑步，有些地方龍蛇雜處，要錢的、打劫的、吸毒的全在那裡盤踞，主辦單位是會擔心的，萬一遇上了，他們怕我無法處理。

習慣難改，我還是一早就推開房門，先是健走，再用慢跑，轉彎離開水泥叢林，跨入附近的綠樹參天的密林之中，吮吸甜甜的芬多精，陰離子很讓人舒活。

半小時上山，再用半小時折返回旅館就是一小時，足以揮汗淋漓，準備下一程上工了。山頂上有座體育館，我拉拉筋，做做伸展操，凝望遠方的山景，便從容下山。

回到繁忙的城市，一位身影搖搖晃晃的人徘徊於路中央，沒有一輛車子停下來下車助他，只是險象環生與他擦身而過，用力急鳴喇叭，他是吸毒者？徹夜酩酊的醉漢？

我加速度跑抵他的身旁，搬來附近的大樹枝，在他身前三十公尺處立放，問他是否需要幫忙？他也許是聽不懂我的華語，或者醉得不省人事，彷彿睡了，根本不理人，地上散了一堆鈔票，應是他的。

「少煩我，你滾開。」

他一點也不領情，當下天人交戰，湧現魯迅的矛盾，如果不想多事，離開是最好的方法，但我相信，我調頭走開，他難保不會被車子撞上，那筆相當於一萬台幣的錢，也許也會不翼而飛。

魯迅的〈一件小事〉此刻闖了進來，這也許是我的一件小事，卻是醉漢的一件大事，我必須替他守護。我選擇在人生地不熟的地方當起了交通警察，這事我在台灣完全沒有經驗，隨意被我拾起的一根棒子便變身指揮棍，用自創的手勢指揮南來北往的車輛減慢速度，等到一輛路過巡邏的警車，我才放心把醉漢交由他們處理，並且提醒他們地上的錢是醉人的，交代完畢，如釋重負一般，變得身輕如燕。

雨停了，陽光露臉，街燈依舊亮著，我緩步前行，一面想著，慶幸自己在意這一件小事，醉漢也許得以保住那些錢，而不至於像魯迅一樣，心有懸念，一直耿耿於懷，時時苦痛，恨自己讀了很多「子曰」，卻只有心動，沒有行動。

回到旅店，我早已汗流浹背，接下來還得趕赴電台接受專訪了，我沐浴更衣，再度踏上征途，當我把這件小事告訴主辦者時，他們還是覺得我的舉動冒險，簡直令人匪夷所思。怕我懂，我其實也怕，但更多的想法是愛。

人生的大事其實不多吧，大約全是小事，但是積累了這些美好小事，應該就是大事了。

游老師的醍醐灌頂

## 教孩子懂得無私助人

以下是一些可以與兒女提前思考的思辨：

- 如在車站遇到乞討者，轉身走掉或給他一些足以填飽肚子的錢？
- 公車捷運上遇到老弱病殘、孕婦，要不要起身讓座給他們，或者裝得沒看見繼續滑手機？

- 冬天冷冽還飄著刺骨小雨，賣菜、賣水果的老婆婆老爺爺還在騎樓下等人購買，會不會多少買一些回家？
- 急著要上學又看見迷路的小孩和老先生、老太太，不管他們？還是會送他們回家，或者送到派出所也行，或者，替老人或小孩幫忙打個電話？
- 撿到錢包，裡頭有信用卡、身分證、駕駛執照等如何處理？在路上等還給人家，或交至警局？或者按照身分證上的住址寄回？
- 在大賣場遇到學生打工，如果是家庭困難的，會多少買一點鼓勵他的勇氣與付出嗎？
- 自己能力有限無法看見需要幫忙的人便大方闊綽出手助人，但會不會利用自己手上的網路工具，分享給更多人，懂得舉手之勞就可以讓善念飛行千里？

這個社會聽見愈來愈多的藉口與埋怨，但欠缺的卻是參與，我們自掃門前雪不理他人瓦上霜，但遇上下雪了寸步難行時，才又希望別人出動鏟雪車？不是很怪嗎？

我在臉書裡三番兩次書寫善念文章，拜託大家一起幫我分享，替人解決人生困境，就是想打造一個能發散漣漪的同心圓，一起共好。

這其實滿磨人的，多數人視而不見，我依舊像唐吉軻德勇敢向前，因為我知道「行善」這件事不教是不可能會的。

「氣質從智慧而來，美麗從慈悲而來！」

很多人誤解行善做好事等於要捐錢，不，「心」最重要，兒女與我一起行善的金額至多是三百元，但我稱之為大愛。善有時是言語的，用慈悲的語言渡人、用慈悲的眼光待人、用慈悲的面孔對人、用慈悲的雙手助人、用慈悲的心祝福人。有慈悲心，就是行善助人。

給出一粒橘子與十粒橘子同等是愛，按一個分享等同練就了孫悟空複製，或者幻變的功用；人手一個消息，等比扇形發射，就會有七十二變了。我們曾因而一個小時賣光一個需要我們幫忙者的醬油，一天賣完了一萬斤的鳳梨，一下售罄爺爺的手作龍眼乾……很多人因而告訴我，「善」像聚寶盆，取之不竭、用之不盡。

行善的「基金」若轉交給了孩子，它會是一張網，網住了別人的喜愛，他人的尊重，美好的人際關係，因為善，也許贏得別人提供了更多機會。

英國作家語重心長的提醒父母，慈悲其實是一門好生意，可以捕到魚；若再把魚送給了窮人，便叫循環經濟了，人人有魚吃。

品德 06

# 善行者，有愛的孩子更貼心

之一。

我問兒子可否陪我去逛跳蚤市場，他一話不說便答應了。

髒兮兮的市集隱身於一座連接波光粼粼的河岸大橋之下，接壤翠綠的河濱公園，一群淘寶者會在天光初亮的早晨微風中，擠身在此處，用鷹一般的銳眼搜索寶物。這裡藏的寶物其實很少，宋元明清古物的稀世珍寶往往是假的，只是讓人將偷偷露了出來的貪念，用自我修練壓抑下來，學習不動心。

跳蚤市場給兒子的第一印象是「鬼地方」，這個形容極好，有些販售品的確有點來路不正，又叫賊市，是暗黑交易的地方。

但想用百元千元淘出百萬千萬的失散皇家寶物，當是天方夜譚；十元才是跳蚤市場的基本價，但只夠格買人家搬家、老人離世、家人們扔棄不要的物品，能買到古本老書籍，就算撿到寶了。

意義治療大師佛蘭克爾的作品，踏破鐵鞋無覓處，卻用十元在這裡意外找著，老闆連看都不看我一眼，便把錢收走，繼續他的生意。

八十歲的老伯在市集的河堤上販售自己無用的珍藏，他可能眼睛花了，無法再用的絕版《辭海》被鋪攤在地上，等待有緣人。我一眼看上，細聲告訴兒子：「好書。」可惜身上只剩幾個十元，與他開出的價格有一點小小的差價，我示意兒子回家。

「為何不買？」

「車內有錢嗎？」

兒子知道我一眼上心，沒買會想很久，立馬催促我加快腳步回車上取錢來買，我加足馬力，腳程是快，但晚了一步，《辭海》爺爺收攤走人不知去向了。

那一夜，父子倆在月光皎潔的光影中，大字型的躺在頂樓的屋頂花園，偌大的天空，星光燦爛下，我們一起想著老爺爺。兒子說如果當時買下，他一定會很開心，我說是吧，那就託對人了。

（後記：一個月後我又遇上他，老舊的《辭海》還在，我便買下。）

之二。

我家曾有一座五尺的水族大缸，養了悠閒的神仙魚，與兒子從水族館買了一兩五十元的黑殼蝦回來餵食，牠們馬上鑽進水草之中。隔幾天，我們才發現蝦中有蟹，在缸中爬行慢走，我告訴兒子這個發現，他開心極了，想養大牠，但幾經商量，最後同意的想法是讓那隻螃蟹回歸溪流之中。

我們上網查出蟹的名字，猜想這種蟹的可能棲息地，編出一套放生計畫，把牠送返溪流，當袋口打開，那隻蟹慢慢踏出第一步，一溜煙潛入河流之中，我們竟興奮莫名的歡呼，彷彿中了樂透。

兒子當下這樣說：牠可以找著自己的媽媽嗎？

之三。

湖溪是我與友人的人生協定，一起玩到老，每年的五月到九月結伴下溪健行，玩樂一整天，兒子是我的夥伴之一，依慣例在警務所登記入山，下水阿玉溪。

沒多久兒子就眼尖的在遠處看見一張隱於水中、閃閃發光的流刺網，幾條魚努力掙脫想找尋活路，兒子快步向前，數一數共計八條魚，清一色是野生石斑魚。

五條明顯死亡，三尾奄奄一息，如果不馬上施行救援，大約熬不過幾小時，我們敲碎石頭，以石代刀，有如外科醫生一般施行仁心仁術，把網弄破、小心翼翼把魚取了出來……一番折騰後任務成功！兒子挖出一個緩池，把體力透支的魚兒擺放進去，並且預留渠道。他告訴我，如果牠們體能恢復便可能自動游出，他在沙洲插上旗幟，囑我回程提醒他查看結果。

回程時兒子先行探視，魚兒果真全部消失，猜想可能游走了，兒子非常開心的說，牠們應該在家喝可樂了。

清晨微雨，我在暗黑起身，望著窗外，想起我與兒子一起經歷的這三件事，甘甜如蜜。這些全是他人生之中再小不過的事，我猜想要是有一天他的任督二脈打通了，會不會便是下一個善行者？

人生非要攻城掠地成了曹操之類的梟雄，項羽之類的霸王不可？

厲害之人一定是優秀的人？

優秀的人一定是慈善的人？

利人好或者利己？

良善的社會合宜居住，或者私心自用的社會？

答案呼之欲出，但你認真教過孩子嗎？

游老師的醍醐灌頂

## 善是這樣教的

書房中有一尊佛，慈顏不失莊嚴，有祂在，更具安全感，佛的腰間繫著衣帶，款擺輕揚，顯見雕刻者的刀法俐落，能把木頭雕出這種境界實屬不易。佛的右手下垂，左持淨瓶依在胸口，但我並未在天光未亮之際便起身捻香禮敬，只把祂當成藝術品擺飾，偶爾佇足欣賞。

祂的身後有一本小冊子，被我視若珍寶，用手在封面上慎重寫下「慈悲簿」三個大字，那是我的善行教育的剪輯本，待有一天孩子大了，結婚，再送給他們當成紀念。

翻開它的第一頁，有一張寶特瓶的相片，我黏貼了二枚一元硬幣，那是我怕忘了，特別製作出來的思考題。早年推行環保之初，為了鼓勵大家回收，改正保特瓶亂扔的習慣，撿拾一支者可以到便利商店換取二元，從那一年開始，我與兒女改行當撿荒者，看見就撿，撿完就換，換得的零錢放入一個鐵盒中，成了「慈悲基金」，因為我們是用老頑童周伯通「玩」的心情，沒什麼壓力，一路玩成善行習慣。

太太起初有一點受不了，連在大安森林公園玩沙池，孩子都會盯著飲用礦泉水的人，當他們扔掉瓶子時就起身把它撿拾回來，放進袋中。有時一天可以因而得到五六十元，或者近百元。太太拒我們於千里之外，慢慢才融入歡樂之中，成了一員大將。

每一次天災之後，我會出考題：「我們可以幫什麼忙？」孩子懂我意思，他們會翻箱倒櫃的從自己的私房金庫中取出二三百元，交給我去郵局，匯給較有公信力的單位，匯款存根則貼在這本慈悲本子中，成為他們各自的善的記憶。

印尼九級強震引發海嘯死傷慘重之後，我又問了同樣的話：「我們能幫什麼忙嗎？」女兒有些遲疑，不動聲色走開，隔日醒來上學之前，把一百元放在我手上，並且告訴我最近手頭手緊，便出門了。那一幕我好感動，一個沒有什麼錢的孩子算是窮人吧，還會捨得助人，那才是最美的畫面。

那一晚女兒回家後我謝謝她，並且祝她未來有錢，很有錢就可以幫很多人了。也一併提醒她「量力而為」的道理，無法「財施」，就用智慧助人那叫做「法施」，女兒似懂非懂，但笑了。

有人告訴我好喜歡女兒的畫作，說她的作品很有溫度，淡淡的粉彩，也許只是單純的一隻貓，一個坐著的納涼老人，都散發著光和熱。我現在可能慢慢懂了，那應該是她用同理心上妝，用愛去燉補，慢慢溫潤融入畫作的彩繪。

慈悲薄裡藏了一閃即逝的記憶，但次次回回典藏下來，便會深埋下一粒種籽，有一天可能萌芽，最後因而教出了一位懂得「萬念皆空，善不空」人生哲理的孩子。

莎士比亞說：「愛是黑暗的歲月之中，在縫隙中透出了一絲絲陽光的午後。」我想，以善之名教出的孩子們，將來未必是名人、未必非常厲害、未必口袋多金，但這有何關係？善慢慢堆積成的態度會是尚方寶劍，讓他們成為別人口中可以信任與放心的人吧！那會是人生最佳的通行證。

品德 07

# 價值觀，教孩子金錢的實境秀

英國女子貝福德中了數億彩金之後變得身價非凡，但人生卻因而走味，家人為這筆憑空而來的錢和她失和，丈夫開始想方設法覬覦財富，父親及弟弟開始貪婪無度。

夫妻因而離婚，丈夫用六百萬英鎊購買別墅，但最後卻死於非命。

貝福德很沮喪告解：「原本以為這筆錢是讓大家滿心高興的，可是它卻來暗地索命，使得每一個人都因它而變得苛求和貪婪。」

錢的悲劇每隔一段日子就上演一回，為了錢，情感瞬間蒸發，但若沒有了情，家人之間還是什麼關係？薩依德說得好：「地下的金子要從礦脈裡挖取，愛錢如命者的金子要從他的靈魂裡發掘。」

有人問我，「微善雜貨鋪」裡販售物品的那些臉友我都熟悉嗎？九成九都不太熟，九成未曾謀過面，真的不擔心他們騙我嗎？

擔心，但我選了信任。

我是窮苦人家的孩子，我知道人生不到不得不的關卡，臉皮不可以不要，那是窮人才懂的事。

薄伽丘說：「貧窮並不會磨滅一個人的高貴人品！」人品來自對於金錢的理解，錢只是錢，少也是多，我父親從來不是員外，沒有開倉放糧的事蹟，但對經濟上有困難的街坊來調頭寸，卻常出手闊綽，他便很像陶朱公了。

父親是「窮富翁」，價值觀深深影響了我，小時候他喜歡聽廣播劇，尤其愛廖添丁劫富濟貧的橋段，至少在我的眼皮下，他應該沒有搶過銀行，但經常濟了貧。

我與他相同，從未劫走富人的一分銀兩，但學父親用不同的方式濟貧。比方：我的收藏品可以用堆積如山來形容，其中一批貨是北京人民出版社《育兒心理百科》的龐大版稅，大約人民幣五萬，當年可換得台幣四十萬，總額值當地人四五年的薪水。我用它走進北京琉璃廠，被當成大款招待換得寶物歸來，其中還得了一段插曲，我在北京機場因眼光銳利，收集到了三個漢唐古印章，被海關攔了下來，說它有歷史價值，必須留下。

剩下包括雞血、田黃、芙蓉等三大名石與晶瑩剔透的凍石，則順利帶走，多年後我用它們意外助人！

殘障夫妻是刻印師，生了一個四肢健全的兒子，在公園嬉遊時不小心被野狗咬傷，延誤送醫引發敗血症，導致截肢，需要一大筆的醫療費用，我厚顏寫了一封文情並茂的信向同事募款，約得三十萬元左右，簽具交付，我還按月取出幾個章讓他刻印，成為善的美好載體！

「講師費用很少，學校很遠，千里迢迢，老師能來演講嗎？」

翻開地圖，山不轉路不轉，的確千里，我可能得一早五點出發，才能趕在九點前到達開講，昏黃進家門，得一個「累」字。我終究答應了，那一刻想的不是錢的價格，而是美好流動的價值。

車上附帶載了四大箱童書繪本，搬下車後，校長瞪大眼睛直說不可思議。

美國《商業週刊》做了一個小小測試：

如若繼承一筆十五萬美元以上的財產，多少人會放棄工作？

答案是二成。

加碼到一百萬呢？

至少七成想坐吃山空。

錢是魔或者神，完全是教育決定。人生本來就有需要與不需要，重要與不重要，該要與不該要，必要與不必要；要教，才會懂得錢要用才是大用，否則只是貪婪的慾望，無用的紙張，不可能成為管用的慈悲，因為培根相信：「金錢有如肥料，要撒得下去才有用處。」

如果兒女要月花五萬才可以過活，收入至少要超過這個數字，他的人生一定是忙碌的「加法」，低頭找錢過生活；如果只要二萬，賺三萬也許就可以存活，人生便可以是作休並濟的快意「減法」了。

富與窮，端看一念之間，好有錢有時不一定是幸福，也許會是災難？

游老師的醍醐灌頂

## 樂善好施，你教了沒？

俄國作家屠格涅夫說：「人的價值，就在於他奉獻多少。」

父親把他養了很久、準備出售的放山雞，一手一隻便平白送給了山坡下那兩位孤苦無依、沒有子女的老人，如果他沒用這種案例講法示我，這些年，我不可能會用父親同樣的方式助人，彷彿一種複製。

義大利詩人但丁說過一句耐人尋味的話：「一個知識不全的人，可以用道德補過；一個道德不全的人，卻難以用知識彌補。」

大約接近「人而不仁，如禮何？人而不仁，如樂何？」的意思吧。

教育是生活，一切無法用於生活，或者根本與生活背離的，應該都不算是教育。

澳洲旅行時，我見過這一幕：

遊覽車司機很遠就踩下煞車，友善向前方推著兒童推車的婦人示意慢慢來，並且揮手微笑。這確實只是一個微不足道的小動作，但卻像《舊約聖經》中的一句話：「行為純正的貧窮人，勝過怪謬愚昧的富人。」

「美德」是創造社會和諧的動力，少了美德，再美的東西也變得不美了，頂多像貪婪的代名詞。

這個社會不乏高智慧的人才，他們資質優異、聰明絕頂，一副出將入相的氣勢，卻不受人喜歡，而「缺德」就是關鍵。現代人愈來愈缺乏悲天憫人的情懷，難道真是人性本惡？或是我們根本沒教，讓孩子也逐漸淡忘了？

人品該教？但課本上沒寫、我們也沒教，孩子就不會。等到有一天，孩子變成了大人，開始主宰這個社會，如果人人都缺人品，這個社會將會是災難。

但，要怎麼教？

紐約著名的建築師愛德華，剛讀中學的那一年，全家在新罕布夏湖中島上的別墅裡度假。有一天，親子倆閒結伴釣魚。

當地的溪裡有一種碩大的鱸魚，只有鱸魚節可以被允許甩竿垂釣，但尺寸太小或者在禁令月份釣上的魚都得放回溪中。

垂釣的那一天，愛德華父子已經釣了一整天卻一無所獲，預備收竿回家之前，竿子突然猛力晃動，一條超大鱸魚上鉤，費力拉上了岸，父親看看手上的腕錶，發現已經逾時了，魚兒必須放生，愛德華心有不甘，心想可能再也釣不到這麼大的鱸魚，可是父親依舊堅持守法。

二十年後，愛德華成為著名的建築設計師，備受國際矚目，有人為了攀龍附鳳告知他股市內線交易的消息，他寧可把白花花的銀子往外推，靠自己的專業而非徇私得取，婉言謝絕。

「放回去，孩子！」

這是他的童年父親的堅持，教出一個「光明磊落」，不偷工減料，且充滿愛心的建築師。

我的父親很像老愛德華，我家附近也有一條魚蝦成群的溪流，激流轉折處的緩和區還有新鮮河蜆，它是我的童年夢土，放學後與假日的嬉遊處，我們在此游泳、玩樂、垂釣；小魚用來加菜添補蛋白質，或者餵食雞鴨，大一點的則可以賣出得一點錢，尤其白鰻、鱸鰻價格更高，只要釣上一尾，就可以抵付一學期的學費，大小通吃是最有經濟效益的，但父親堅持小魚放回溪中。

事實上，父親不趕盡殺絕的做法，我們才是受益者，創造了生生不息的循環經濟，他教給我：尊重自然法則。

我習慣主動捲起衣袖，下河清理垃圾，隨手撿拾髒東西，登山溯溪隨時攜帶紙袋，沿路撿拾垃圾，我的公民責任，應該也與父親有關。我知道社會不是一個人的，而是很多「一個人」。

父親一定不懂什麼是名人家訓，也壓根兒沒有讀過諸葛亮的《誡子書》：「靜以修身，儉以養德，淡泊以明志，寧靜以致遠」，但他點出儒家的人品境界，知道醫生有愛，才是華佗吧。

品德 08

# 做他自己，興趣是孩子的唯一捷徑

木柵政治大學過河的那條橋叫做道南橋，早年橋畔有一家民國三十八年撤退的老榮民開的燒餅店，鄉音濃厚，中氣十足、笑口常開。全是厚工的老麵發酵製品，清晨三四點便起床搓揉醒麵，用時間叫喚出香味四溢的燒餅、油條、饅頭，我是主顧客之一，燒餅油條加一杯豆漿，成了固定早餐點。

老伯健談，常常邊做邊與客人聊天，自謙沒讀什麼書，但滿腹經綸，專長零，只會做一點家鄉味，但卻賣得出去，錢進得來口袋，養家餬口不是難事。他的信仰很簡單，好吃就有人買。

成了熟客之後，有時在店中幫忙收拾打雜，因而比別人更常聽見他的私事，退伍之前他就是伙頭兵的士官長，燒餅、油條、饅頭都難不倒他，由於喜歡，他常自行研發口味，博得好評。

好吃，是我愛吃他的燒餅油條的唯一理由吧！

有一回，我忍不住問他：

「燒餅好吃的秘訣？」

「哪裡有什麼秘方，料好、實在就行了。最重要的是，我只會做燒餅，做得不好吃，誰買呢？」

這句話悄悄藏進我心中，成了影響我做人處事的金玉良言，和他混熟了，懂得更多他的人生哲理：「客人就是家人。」

買賣在他看來，不只要站老闆的立場去想，更重要的是要有「客人至上，買的人最大」的觀念。

老伯不僅賣燒餅，還附贈了體貼與關懷，常常與客人噓寒問暖，有人感冒生病，他會說豆漿熱一點好，把汗給逼出來。他用做給家人吃的心態賣早點，怪不得原料會是最好的，因為他相信某些人是靠這一餐蓄積半天的體能，不可摸魚。

燒餅老師父的執著，讓我由衷佩服，每道工序都不馬虎，小至選麵、擀麵，大至發酵、搓揉，最後是煎烤的火候，好吃的燒餅是由一些小細節連結成的。

燒餅店的生意興隆，漸次成了離鄉遊子的聚會所，各個省城來的人都有，坐在一起吃著早餐、聊起故鄉事。他們的故事都不相同，家鄉話也有所區別，湖南話、上海話、北京話、潮州話交織，卻一點也不扞格，還說得津津有味。

老闆偶爾加入，形同八國論戰，吱吱喳喳的，有意思極了。

我萬萬沒想到，當年的一些求學過程中的小小記憶，某個人隨口彈出的一句話，被我記了下來，便成了生命中至關重要的金玉良言；幾十年後，仍在我心中醞釀反芻，猶如當年老伯伯發了酵的麵糰一樣，有了香醇的味道。

英國有句俗諺說：「習百藝者，一事無成」，與老伯伯「一技在身，天下無敵」成了有趣的對照。

道南橋畔旁的醉夢溪旁我一待多年，畢業後收拾行囊離開，繼續下一站，我向老伯伯辭行，他囑我常來走走，我點頭承諾，可是一直沒有兌現。踏入社會工作之後，我一度被「忙」帶著走，再度想起他已是多年後的事，很想念，再回去找他，燒餅店早已人去樓空，房子轉手換了主人，不知他是否安好？

幾年前，我在一家書店演講，遠遠有位老者站著，入神聽我講述人生哲學，燒餅店入了題，他豎起耳來，專注傾聽，時而闔眼靜思，時而散發笑靨。

結束後我忙著向讀者說明提問，並且簽書，再回頭，老者已早不在現場了，消失無蹤。

是老伯嗎？

游老師的醍醐灌頂

## 興趣到本事的漫漫長路

一九〇三年十二月，把一架比空氣重、但可以載人的動力飛行器，飛上北卡羅萊納州的吉特赫克小鎮的萊特兄弟，我們並不陌生，課本上說那是世界上第一架成功駕駛起飛的機器，雖然只短暫地在十二秒內飛行了三十七公尺，卻實現了人類飛行的夢想，從此改變了全世界。

他們兄弟並不算認真求學的孩子，愛翹課，也會打工賺取零用錢。母親是個手藝非常靈巧的人，家中大小事皆由她包辦，並且常幫這對兄弟製作玩具。父親是一位牧師，平時教育採用誘導的方式，讓他們儘量發揮自己的才能，並鼓勵他們追求自己的興趣。

一八七八年父親帶回來一件禮物，他在這對兄弟面前把這件禮物拋向空中，它竟然自行飛上天花板，兄弟倆頓時被這小東西迷住，那樣東西應該是很多人童年玩過的「竹蜻蜓」，以橡皮筋為飛行動力的玩具，只要上緊橡皮筋，鬆開手後，就可自行飛行。

從此，他們對飛行產生了興趣，一次又一次地複製這種飛行玩具，甚至放大尺寸，重新設計。儘管不能夠飛，飛行的夢想卻已深刻地印在他們的腦海中。

他們展現出機械的天分，即使試飛過程中一再失敗，依舊熱情不減，理由便是「興趣」。

《可蘭經》上說：「神只幫助努力的人。」

努力的動能就叫興趣。研發是一條漫長的道路，不是與生俱來，而是日積月累的結晶。即使是優秀者，也不可能擁有全部的特點；有好便有壞，有優即有劣，有得必有失。人，其實需要一個合於他自己的角色。

「興趣」在一個人成功的過程中扮演捷徑，做自己喜歡的工作，不僅可以持久而且事半功倍；做自己不擅長的事，則要事倍功半了。

有人問我：「如何寫作的？」

大哉問，天分吧，但這非我獨有的，每個人都有不同的天分，它是興趣的來由，找著它，做了它，成就它。

把有興趣的事做得最好，多半會很有本事。老師喜歡的是分數，但老闆喜歡的是本事。

美國知名的電視節目「決戰時裝伸展台」中，不乏是非本業出身，但對自己的興趣有所堅持的設計者，有些參與者本來已是領有高薪的建築師，也有些是無所事事的街頭流浪者，但不管身處的環境如何，他們依然不斷的堅持自己的興趣，爭取各種的機會，因此終能聞名，而帶來無法計數的實質獲益。

最重要的是，他們終於可以做自己真心喜愛的事。

興趣與專長一開始未必相同。「興趣」是一種很想要去做的動機，而且，只要你沒有把自己的興趣建築在別人的痛苦上，一般而言，做自己有興趣、想做的事會讓人很快樂；「專長」則是出了社會最擅長的工作，但未必喜歡，這樣的專長多半不會心甘情願，有時甚至會覺得度日如年。

想辦法讓自己的「興趣」變成「專長」才是王道，關鍵就在於毅力堅持與下定決心。

有人問我樂此不疲演講的理由是什麼？

我有答案了，就是興趣！如若缺乏這個動能，想從台北文山木柵出發搭上計程車，坐上高鐵到左營下車，轉車到了屏東內門，這樣一趟迢迢長路便會是酷刑。

但有了興趣便會講得好，有了掌聲就可持續，慢慢變成了很專業的人了。興趣不只是一條捷徑，也是維持初心的方法。

作家作品集 86

# 別讓分數綁架你的孩子

## 心理教育家寫給父母關於教養的 33 張處方箋

---

作　　者／游乾桂
主　　編／汪婷婷
責任編輯／程郁庭
責任企劃／汪婷婷
封面設計／李曉彤
內頁設計／ Mr. 蒙布朗

總 編 輯／周湘琦
董 事 長／趙政岷
出 版 者／時報文化出版企業股份有限公司
108019 台北市和平西路三段二四〇號二樓
發行專線—(02)2306-6842
讀者服務專線—0800-231-705　(02)2304-7103
讀者服務傳真—(02)2304-6858
郵撥—19344724 時報文化出版公司
信箱—10899 臺北華江橋郵局第 99 信箱
時報悅讀網／ http://www.readingtimes.com.tw
電子郵件信箱／ books@readingtimes.com.tw
法律顧問／理律法律事務所　陳長文律師、李念祖律師
印　　刷／紘億印刷有限公司
初版一刷／ 2019 年 2 月 15 日
初版三刷／ 2022 年 9 月 30 日
定　　價／新台幣 320 元


時報文化出版公司成立於 1975 年，
並於 1999 年股票上櫃公開發行，
於 2008 年脫離中時集團非屬旺中，
以「尊重智慧與創意的文化事業」
為信念。

別讓分數綁架你的孩子：心理教育家寫給父母關於教養的 33 張處方箋
/ 游乾桂著 . -- 初版 . -- 臺北市 : 時報文化 , 2019.02
面；　公分 . --（玩藝）
ISBN 978-957-13-7679-0( 平裝 )
1. 親職教育 2. 親子關係 3. 子女教育

528.2　　107023255